時事外来語で日本理解

大学からの超級カタカナ語

陣内正敬　森本郁代　阿部美恵子　笹井香　竹口智之

関西学院大学出版会

時事外来語で日本理解

大学からの超級カタカナ語

はじめに

　現代日本語において外来語の増加はすさまじいものがあります。ことばは社会を映す鏡ですから、これはすなわち日本社会の変化の激しさを物語っているわけです。外来語の増加は日本語を豊かにする一方、日本語を難しくもしています。一般の日本人にとってはもちろん、日本語を学習する外国人にとっては日本語習得の大きな壁となっています。最近でこそ、外来語学習に特化した市販本も出版されていますが、外国人を取り巻く外来語の現状を考えると、外来語教育は量的にも質的にも不十分と言わざるをえません。

　本書は単なる外来語学習用のテキストではありません。むしろ、外来語を学びながら、それを通して日本社会や日本文化を理解するという立場で書かれています。ひとつひとつの外来語がなぜ出現したのか、その背景にあるものを理解することが目標なのです。したがって、本書は日本事情に関する教材として活用することがもっとも適しています。

　本書の見出し語、あるいは解説文中の外来語はほとんどが超上級語彙です。また、外来語を日常外来語、アカデミック外来語、ビジネス外来語と分けた場合、本書で扱われているのは主としてアカデミック外来語とビジネス外来語ということになります。その中でも、タイトル『時事外来語で日本理解』に表れているように、外国人が現在の日本社会、日本文化を理解するために必須と思われるものを選びました。もとより、このようなハンディーな本では広範な分野はカバーできませんが、大学での使用を意識して見出し語を40語に厳選し、1セメスターでこなせる分量にしました（「本文中のカタカナ語」と「関連語」を合わせると240語）。

【各項目の構成】

　外来語1項目を見開き2ページで解説している。見出しの外来語に続けて、その外来語の構成要素（単語のレベル）とその意味、さらに訳語、言い換え語を付けた。訳語や言い換え語については、定着しているものがない場合は掲載していない。

　本書の解説は平易さを心掛け、使用語彙についても、外国人日本語学習者を意識して日本語能力試験1級程度の語彙、漢字を用い、また常用漢字表外の文字にはルビを振った。

　本文の後に、本文に出現した外来語（ゴチックで書かれたもの）の説明を付け、また本文にはなくても、見出し語との関連で重要だと判断した外来語についても「関連語」として取り上げた。

　また適宜、コラムの形で「外来語の手引き」を設け、外来語そのものの特徴を解説した。少しでも外来語に親しんでもらうため、「よく似ている外来語」「スポーツの外来語」「よく使う接頭辞」など、これを知っていれば得をする、というものをコラムとして載せている。

【制作の経緯】

　本書は、関西学院大学の日本語授業の中で数年続けてきた、外来語の定着を図るクラス活動の中から生まれた。この活動は『カタカナ語・略語がわかる本』（陣内・中山著 2002 PHP研究所）から適宜選んだ語彙で行っていたが、変化の激しい外来語事情に合わせ、新たな解説本を作成することにした。

　なお、本書の企画は陣内正敬・高田亨・森本郁代・阿部美恵子の4人で行い、見出し語の選定や全体の構成などを決めた。最終的な執筆は陣内正敬・森本郁代・阿部美恵子・笹井香・竹口智之の5人で行った。

2010年1月

　　　　　　　　　　　　　　　　　　　　　　　執筆者一同

▷目　次

はじめに……………………………………………… 3

◇国際・経済
　グローバリズム………………………………………… 8
　ニューカマー…………………………………………… 10
　電子マネー……………………………………………… 12
　プライベートブランド………………………………… 14
　プライマリーバランス………………………………… 16
　ベンチャービジネス…………………………………… 18
　レアメタル……………………………………………… 20
　ワークシェアリング…………………………………… 22

◇社会・生活
　NPO／NGO …………………………………………… 24
　エンパワーメント……………………………………… 26
　LOHAS ………………………………………………… 28
　セクハラ………………………………………………… 30
　ハザードマップ………………………………………… 32
　バリアフリー…………………………………………… 34
　フリーター……………………………………………… 36
　ワークライフバランス………………………………… 38

◇医療・福祉
　AED …………………………………………………… 40
　アンチエイジング……………………………………… 42
　インフォームド・コンセント………………………… 44

セラピー……………………………………46
　トラウマ……………………………………48
　プライマリーケア…………………………50
　ホスピス……………………………………52
　メタボリック・シンドローム……………54

◇情報
　IT……………………………………………56
　コンテンツ…………………………………58
　デジタル……………………………………60
　バーチャル…………………………………62
　マスメディア………………………………64

◇環境
　エコロジー…………………………………66
　環境アセスメント…………………………68
　環境ホルモン………………………………70
　クリーンエネルギー………………………72
　リサイクル…………………………………74

◇文化・教育
　アイデンティティー………………………76
　アニメ………………………………………78
　エンタメ（エンターテインメント）……80
　LD……………………………………………82
　バウチャー…………………………………84
　ワークショップ……………………………86

　索　引………………………………………88
　参考文献・参考サイト……………………92

▶**コラム目次**

外来語の手引き①　大学キャンパスの外来語……………17
外来語の手引き②　知っておくと便利な「接辞」…………19
外来語の手引き③　和製外来語………………………………27
外来語の手引き④　和製アルファベット略語………………31
外来語の手引き⑤　意味のズレ………………………………43
外来語の手引き⑥　発音のズレ………………………………49
外来語の手引き⑦　外来語のアクセント……………………51
外来語の手引き⑧　紛らわしい語……………………………55
外来語の手引き⑨　スポーツ由来の外来語…………………77
外来語の手引き⑩　外来語の略し方…………………………85

グローバリズム

【語形】　グローバリズム（globalism）
【意味】　世界を国家・地域単位ではなく、これらが関連した一つの
　　　　システムとして機能するという考え方
【訳語・言い換え語】　地球主義

　90年代以前は資本主義や社会主義など、**イデオロギー**の違いによって国境間の移動が制限されていた時代がありました。入ってくる情報もお互い断片的です。しかし、冷戦の終結やインターネットの普及によって、現在はヒト・モノ・情報の移動が**ボーダーレス**となり、従来とは比較にならないほど頻繁になっています。地球のある場所で起こったことが、全く異なった場所にいる人の生活に、すぐさま影響を与えるようになりました。こういったことから経済を国家単位ではなく、世界全体で考えるという**グローバリズム**の視点が必要になってきます。大企業は世界各国に支社を構えています。アジア諸国ではアメリカ風のファーストフード（ファストフード）が一番人気の食品となりました。英語は好むと好まざるとに関わらず、より大きな経済活動に参加するには不可欠になりつつあります。この例を見ると、**グローバル・スタンダード**を身につけることにより大きな利益を得ることが可能、と思えるかもしれません。

　しかし、このグローバリズムには大きな問題もあります。たとえば環境問題に目を向けると、先進諸国で大量に消費されている資源の多くは、低開発諸国からのものです。しかし地球温暖化を見てもわかるように、資源搾取や乱開発による被害は、低開発諸国だけではなく、世界全体に及ぶようになりました。また、中東問題の影響は単にその地域に住む人だけではなく、資源問題も絡んで全世界に及んでいます。2008年の金融危機

はアメリカのサブプライムローンが破綻したのが原因ですが、このため全世界で「派遣切り」などの非正社員大量解雇が起こりました。

　グローバリズムが地域性の個性や特性、伝統を抹消し、一握りの強者を繁栄させているに過ぎないという批判から、「ローカル」の必要性が言われています。風土に即した地元の作物を多元的に作成しようとする「スローフード」や、地方の中小会社による地域活性化などがあげられます。

本文中のカタカナ語

▷ **イデオロギー**（ideology）もともと「観念の体系」や「哲学的根拠」というように用いられていたが、現在広く用いられているのは「政治的意見」「社会的な意見」の方である。
▷ **ボーダーレス**（borderless）国や地域の境界がない状態。あるいはある文化や分野、産業における差異が徐々に解消されていくこと。「労働力のボーダレス化」「プロとアマチュアのボーダレス化」など
▷ **グローバル・スタンダード**（global standard）特定の国や企業に限られた基準ではなく、世界で通用する基準やルールを指す。実際はアメリカの枠組みが世界の標準として機能することが多い。

関連語

❖ **ガラパゴス現象**　一国の産業・技術が、世界全体とは異なった独自の過程で発展していった結果、世界の自由競争に勝てず、衰退してしまうこと。日本の携帯電話は世界の携帯電話会社とは異なった独自の技術を発展させてきた。このため世界市場に参入した場合、世界でシェアを確保できないばかりか、やがて世界の電話会社に国内のシェアが乗っ取られるのではないかという危惧がある。これは独自の進化を遂げ、生物種の淘汰がほとんどなかったガラパゴス島の動物が、外来種（人間を含む）の侵入に伴い、瞬く間に絶滅・激減した歴史に喩えられている。

ニューカマー

【語形】　ニュー（new）　カマー（comer）
【意味】　1980年代以降来日した外国人
【訳語・言い換え語】　新来外国人、新参者

　法務局によると2008年現在における日本の外国人登録者は約220万人、総人口の1.74％に達し、引き続き過去最高を更新しています。また、単に総数が増加しているだけではなく、国籍（出身国）も190となり、その多様化がますます顕著になっています。

　外国人が増加した背景は様々ありますが、その中の一つが企業・労働力のグローバル化でしょう。日本は入管法改正（1990年）により、日系人の場合、単純労働でも滞在資格を得られることとなり、当時のバブル期の人手不足も相まって、南米日系人が急増しました。このことにより、それまでの在日コリアン、在日中国人に加え、南米系や東南アジアからの移民がそれぞれ、ネットワークや**地域コミュニティ**を形成する状況も各地に見られるようになりました。

　従来80年代以降来日した外国人を「**ニューカマー**」と呼んでいましたが、この時代からすでに30年近くの月日が経過しています。これらの人々の長期滞在や定住化に伴い、彼らを「新**オールドカマー**」と呼ぶこともあります。これは外国人にとって従来仮住まい感覚であった日本が、将来を見据えた定住地になったともいえるでしょう。

　ニューカマーの増加により、総人口の1割以上が外国人という地域コミュニティも出てきました。これは今まで出会ったことのない価値観や文化と接触しやすい状況になったといえま

す。このため、学校・職場・地域社会において、文化摩擦や生活習慣の相違による衝突など、看過できない問題も噴出するようになっています。ニューカマーの生徒が日本の学校に馴染めず、不就学になったり、学習不振におちいるケースも見られます。

　「多文化社会」は言葉の上では聞こえはいいのですが、その実現には非常に難しい問題が数多く残っています。互いの対立を少しでも緩和するには、外国人に対し、日本人の習慣や言語文化を理解してもらう草の根レベルの活動が重要となります。こういった予想される様々な摩擦を少しでも緩和するために各自治体では相談や教育、医療、福祉に関する情報を、英語以外の言語で提供されるようになりました。このように受け入れる日本社会側もこういった、母語によるサービスの提供や異文化理解などの政策を講じていくべきでしょう。

　なお、ニューカマーは上記のように「日本社会に新たに参入した外国人」という意味合いの他に、単に「新参者」という意味で使われることもあります。「ある業界（音楽や産業など）に新しく参加した者」や「新しくチャットサイトに入った者」などがその一例です。

本文中のカタカナ語

▷ **地域コミュニティ**（community）地域住民が、生活を営む上で互いに関わりあい、交流が行われている地域社会
▷ **オールドカマー**（old comer）一般的に、第2次大戦終戦以前に来日・移住した朝鮮半島、中国大陸、台湾出身者を指す。

電子マネー

【語形】　マネー（money）
【意味】　貨幣価値を電子情報で表し、現金を用いず電子決済する手段
【他の言い方】　デジタルキャッシュ（digital cash）、e-マネー
　　　　　　　（e-money）

　現金やクレジットカードを持たずに外出しても、携帯電話を持っていれば「**おサイフケータイ**」という機能を使ってお店で買い物ができたり、自動販売機で飲み物を買ったりすることができますね。また、**ICOCA**（イコカ）や **PiTaPa**（ピタパ）などの IC カードを持っておけば電車に乗るときにいちいち切符を買うことなく改札を通ることができます。このように実際に現金をやり取りしなくても買い物ができたり電車に乗ったりできるのは、おサイフケータイや ICOCA や PiTaPa などが**電子マネー**の一種だからです。
　電子マネーとは貨幣価値を電子情報で表して利用する貨幣形態のことで、e-マネーとも言われます。電子マネーを利用するたびに、携帯電話や IC カードに搭載された **IC チップ**に利用金額が記録されていきます。電子マネーにはプリペイド型（前払い式）とポストペイ型（後払い式）とがあります。プリペイド型の場合、おサイフケータイや IC カードに予めお金を**チャージ**（入金）しておく必要があります。ポストペイ型の場合、チャージの必要はなく、後で金融機関の口座から利用金額が引き落とされます。
　電子マネーを利用すれば、かばんから財布を出して金を支払いお釣りをもらう…という手間がかからないため、現金よりも素早く支払うことができます。また、コンビニなどでは電子マネー利用者に限定した割引サービスやポイントサービスなどが

あり、現金で商品代金を支払うよりも電子マネーを利用した方が得になる場合があります。

　セブン＆アイ・ホールディングスでは「nanaco（ナナコ）」、イオンでは「waon（ワオン）」という電子マネーサービスが導入されるなど、その種類はどんどん増えていっています。

本文中のカタカナ語

- **おサイフケータイ**　携帯電話に備えられた電子マネー機能
- **ICOCA**（イコカ）JR 西日本が行っている電子マネーサービスの名称
- **PiTaPa**（ピタパ）「スルッと KANSAI」が行っている電子マネーサービスの名称
- **IC**（Integrated Circuit）集積回路。テレビ、オーディオ機器、自動車、電話、家電製品など、ほとんどの機器に使われている電子回路
- **IC カード**（IC card）IC チップが埋め込まれたカード
- **IC チップ**（IC chip）半導体集積回路。IC（集積回路）が形成された半導体の小片
- **チャージ**（charge）プリペイド型の電子マネーに入金することを「チャージする」という。もともとは、燃料を入れたり、充電したりすることを意味する。

関連語

- **e‐コマース**（electronic commerce）電子商取引。ネットオークションやネットショッピングなどのように、インターネットを介して商品を購入したり販売したりすること
- **e‐ラーニング**（electronic learning）インターネットを利用して行われる教育。e‐ラーニングを導入している大学もあり、家にいながらにして講義をうけ、単位を取得することができる。
- **Edy**（エディー）ビットワレット社が運営しているプリペイド型電子マネーの名称
- **Suica**（スイカ）JR 東日本が行っている電子マネーサービスの名称
- **Felica**（フェリカ）IC カードを読み取り機にかざすだけで決済できることを可能にした、非接触 IC カード技術方式。様々な電子マネーに搭載されている。

プライベートブランド

【語形】　プライベート（private）　ブランド（brand）
【意味】　百貨店やスーパーなどが独自に企画開発し、それぞれの系列店のみで販売する商品とその商標
【訳語・言い換え語】　販売業者ブランド、自家商標、自主企画商品、独自企画商品
【他の言い方】　PB

　2008年に原油や小麦などの原材料の価格が高騰した影響で、食料品や日用品などのたくさんの商品が値上げされました。そのような中で**プライベートブランド**（販売業者ブランド）の商品に消費者の人気が集まるようになりました。**ナショナルブランド**の商品と同等のものが、より安い価格で販売されているからです。プライベートブランドは、略してPBともいわれます。プライベートブランドの商品には衣料品もあります。特に、1000円以下で買うことができる「格安ジーンズ」には人気があり、各社は競って他社よりも安い価格で販売しようと努力しています。

　プライベートブランドの商品は、百貨店、スーパーマーケット（スーパー）、コンビニエンスストア（コンビニ）など販売業者が独自に企画開発し、メーカーに委託して製造されます。セブン＆アイ・ホールディングスの「セブンプレミアム」、イオンの「トップバリュ（TOPVALU）」、ダイエーの「おいしくたべたい！」、阪急の「阪急セレクション」などがあり、グループ店や提携店のみで販売されています。

　プライベートブランドの魅力は価格の安さだけではありません。品揃えが豊富で、食品や日用品や衣類だけではなく、家電製品など様々な分野の商品があります。また、私たち消費者と

直に接して販売する立場にある販売業者が商品を企画するため、消費者の要望が反映された商品が開発されます。例えば、トップバリュは「カップ麺の容器を紙製に！」という消費者の意見に応えて紙製容器のカップ麺を発売しました。商品の品質や安全性、環境への影響にもこだわっています。食品であれば、商品のパッケージには賞味期限はもちろんのこと、添加物の情報、加工品の原料原産地、**アレルギー物質の情報**、遺伝子組換農作物（GM農作物）に関わる情報などが表示されています。ホームページでは、商品についてさらに多くの情報を見ることができます。

「安かろう悪かろう」ではなく、安いうえに品質にも十分な配慮がなされていることがプライベートブランドの人気を支えているのです。

本文中のカタカナ語

▷ **ナショナルブランド**（national brand）製造業者ブランド。略してNBともいわれる。全国的に有名なメーカーの製品とその商標

▷ **アレルギー**（Allergie 独）特定の食べ物や飲み物、薬品、植物の花粉などに対して、体が拒絶反応を示すこと。鼻炎やじんましんなどを発症する。アレルギーを起こす原因となるものをアレルギー物質という。

関連語

❖ **ノーブランド**（no brand）無商標商品。有名メーカーの製品を「ブランド商品」というのに対して、無名のメーカーの製品を指していう。また、PBをノーブランドということもある。

プライマリーバランス

【語形】　プライマリー（primary）　バランス（balance）
【意味】　国や自治体における財政収入と支出の均衡性
【訳語・言い換え語】　基礎的財政収支

　私たちが公共サービス（公安・医療・教育・道路建設・防災設備・福祉サービスなど）を受けるには、国や地方自治体からの支援、つまり歳出が必要です。公共サービスに必要な資金源、つまり歳入は国民からの税金によるものです。両者の均衡がとれているのが健全な**プライマリーバランス**であることは言うまでもありません。
　現在の日本は増え続ける歳出に、歳入が追いつかなくなっており、先進諸国の中でも突出して多額の財政赤字を抱える国になっています。今後は高齢化社会にともない、医療福祉の経費負担増が予想される一方で、人口減による歳入減が心配されています。また、企業や国民からの税収は、景気の風向きにより、必ずしも一定しているわけではありません。歳出に歳入が追いつかない場合、国債など公債の発行により埋め合わそうとしていますが、これはいわば「国の借金」であり、国の借金返済を将来に先延ばししているに過ぎません。
　「税金の無駄づかい」と、国民から改善点の一つとしてあげられているなかに、道路建設事業があります。これはかつて道路事業公団と政治家の癒着があったという背景もあります。しかしながら1950-60年代の高度経済成長の歴史を見てもわかるように、道路建設、及びそれに伴う歳出は地方において大きな利益を生んできたことも事実です。どの公共サービスにどの程度予算を注ぎ込むかについては、冷静な判断をしなければなり

ません。今後は予算やその用途についての情報を頻繁に**ディスクローズ**することで、かつての**モラルハザード**を未然に防ごうとする意識が非常に強まっています。

本文中のカタカナ語

▷ **ディスクローズ**（disclose）情報を開示すること。自分の組織にとっていい情報だけではなく、少々都合の悪い情報も開示すること
▷ **モラルハザード**（moral hazard）一般には「倫理の欠如」や「モラルの崩壊」の意味で使われる。本来は保険用語で、保険をかけているからということで安心し不注意で事故を起こす危険が高まったり、故意に事故を起こしたりすること

コラム　●外来語の手引き●

① 大学キャンパスの外来語

オリテン、オリエンテーション（orientation）入学時の学業説明会
シラバス（syllabus）　授業計画書
カリキュラム（curriculum）　授業体系
キャンパス（campus）　大学構内
キャリア・デザイン（carrier design）　職業設計
スクール・モットー（school motto）　建学精神
インテンシブ・プログラム（intensive program）　集中授業
オフィスアワー（office hour）（学生のための）教員の面談時間
シャトルバス（shuttle bus）　往復バス
サークル（circle）　課外活動
クラブ（club）　〃
インターンシップ（internship）　就業体験
ダブルデグリー（double degree）　二重学位

ベンチャービジネス

【語形】　ベンチャー（venture）　ビジネス（business）
【意味】　不安定な要素の多い分野で、野心的に創業された事業（企業）
【訳語・言い換え語】　研究開発型中小企業、知識集約型中小企業、能力発揮型中小企業、新興企業
【他の言い方】　VB

　日本経済の活性化には**ベンチャービジネス**の発展が必要であるという考えから、国や地方自治体は、起業しやすい環境を整備することや起業後の支援体制を充実させることに力を入れています。ベンチャービジネスは、ベンチャー企業とも、略してVBともいわれます。「リスクのある分野で創業する事業」という意味で、高い専門知識や新しい技術をもった個人や集団によって運営されている中小企業をさします。中には大学の研究成果を生かす「**大学発ベンチャー**」もあります。まだ若い企業が主ですが、大企業が手がけていない新しい事業や独創的な技術開発に取り組み、急成長を遂げています。
　しかし、まだ他人がやっていない新しい事業に取り組むということは未知の領域に挑戦することであり、リスクを伴います。ベンチャー（冒険的な事業、投機的企業）という語が示すように、多かれ少なかれ危険を冒しながらの経営なのです。そのため、銀行から融資を受けることは難しく、資金が不足したときは**ベンチャーキャピタル**に資金を提供してもらいます。
　ベンチャービジネスを支援し育成する機関や人のことを**インキュベーター**といいます。ベンチャービジネスはまだ若く競争力が乏しいため、事務所スペースや事務用品などを安価で貸与したり、経営についてのアドバイスをしたりするなどして運営が軌道に乗るよう援助するのです。

本文中のカタカナ語

▷ **大学発ベンチャー**（university based start-ups）大学での研究成果を生かして設立された会社。政府は産学連携を強化することで最先端の科学技術創造立国を目指す構想を持つ。
▷ **ベンチャーキャピタル**（venture capital）略してVCともいう。ベンチャービジネスに資金を投資する会社または個人のこと
▷ **インキュベーター**（incubator）起業家育成、起業家支援。本来は保育器を意味する。会社としてはまだ未熟なベンチャービジネスを赤ん坊にたとえて、その支援者をこのようにいう。

関連語

❖ **アントレプレナー**（entrepreneur）起業家、企業家、企業家精神の持ち主
❖ **サウンドビジネス**（sound business）安全第一のビジネス。ベンチャービジネスの対義語

コラム ●外来語の手引き●

② 知っておくと便利な「接辞」

アウト（out）外	アウトドア　ドロップアウト
アンチ（anti）反、抗	アンチエイジング　アンチ巨人
イン（in）内	インドア　ゴールイン
ノー、ノン（no, non）無	ノーカット　ノンステップバス
ハーフ（half）半	ハーフマラソン　ハーフサイズ
フリー（free）無、自由	フリーカメラマン　バリアフリー
プレ、プリ（pre）前	プレ五輪　プリペイド
プチ（petit）小	プチホテル　プチ整形
ポスト（post）後	ポスト鳩山　ポストペイ
モノ（mono）単	モノレール　モノトーン
レス（less）無	キャッシュレス　ワイヤレス

レアメタル

【語形】　レア（rare）　メタル（metal）
【意味】　世界的に産出量の少ない31種類の金属の総称
【訳語・言い換え語】　希少金属

　携帯電話の販売店で「モバイル・リサイクル・ネットワーク」のマークを見たことがありますか？　このマークがある販売店は不要になった携帯電話を回収してくれます。近年、携帯電話メーカーは、使われなくなった携帯電話を回収して**リサイクル**することに力を入れています。携帯電話には金、銀などの貴金属や、リチウム、チタンなどの**レアメタル**（希少金属）など貴重な資源が含まれているにも関わらず、回収率が低いからです。レアメタルとは、世界的に産出量の少ない31種類の金属のことで、ニッケル、クロム、タングステン、コバルト、モリブデン、マンガン、バナジウム、インジウム、**レアアース**なども含まれます。中国、アフリカ諸国、南米諸国などの限られた国からしか産出されません。
　レアメタルは、携帯電話以外にも液晶テレビ、DVDプレーヤー、パソコン、**ハイブリッド自動車**や電気自動車などのいわゆる「**エコカー**」など、**ハイテクノロジー**を用いた多くの製品に使われています。また、少量を加えるだけで強度や耐熱性を高める特性があるため「産業の**ビタミン**」とも呼ばれます。これらの製品の製造業が国の主要な産業の一つなので、日本は相当な量のレアメタルを必要とします。しかし、世界規模で需要が高まったり産出国が輸出を規制したりしたことで、必要量を輸入することが難しくなりました。
　そこで注目されるようになったのが「都市鉱山」です。廃棄

される携帯電話やパソコン、家電製品などにはレアメタルをはじめとする貴重な金属が含まれています。それを鉱山になぞらえて「都市鉱山」と呼びます。それらをリサイクルすれば輸入に頼らずレアメタルを供給できると期待されています。しかし、レアメタルのリサイクルは進んでおらず、都市鉱山を有効に活用できていないのが現状です。有効活用できるように制度を整えることが緊急の課題となっています。

本文中のカタカナ語

- **リサイクル**（recycle）廃品や資源を再利用、あるいは、再生すること
- **レアアース**（rare earth element）希土類元素。光学材料、電子材料などに不可欠
- **ハイブリッド自動車**（hybrid car）ハイブリッドは混成物、雑種を意味する。ガソリンエンジンと電気モーターを組み合わせるなど、二つ以上の動力源を持つ自動車
- **エコカー**（eco car）ハイブリッド自動車や電気自動車など、二酸化炭素などの排出を抑えることで環境に配慮した自動車
- **ハイテクノロジー**（high technology）先端技術、高度科学
- **ビタミン**（vitamin）生物が生きていくのに絶対に必要な栄養素

モバイル・リサイクル・ネットワーク
携帯電話・PHSのリサイクルにご協力を。

ワークシェアリング

【語形】　ワーク（work）　シェアリング（sharing）
【意味】　失業対策として、一定量の仕事を分け合うこと
【訳語・言い換え語】　仕事の分かち合い

　日本では、2008年のリーマン・ショックのあおりを受けて多くの会社が倒産しました。また、1999年の労働者派遣法改正や2001年から政府が進めた構造改革などの影響もあり、失業者や非正規労働者が増加し、深刻な社会問題となっています。
　業績が悪化した場合、企業は利益を守るために従業員を**リストラ**することがあります。リストラとはリストラクチャリングの略語です。本来は、収益率や成長率を高めるために「（企業の事業構造を）再構築すること、再編すること、改造すること」を意味しますが、日本ではそれにともなう人員削減を意味することが多く、「企業側の理由による解雇」という意味で用いられます。
　近年の不況で、倒産やリストラにより失業してしまう人が後を絶ちません。このような状況のなか、失業を避ける手段として注目されるようになったのが**ワークシェアリング**（仕事の分かち合い）という労働の形態です。従業員一人当たりの労働時間を短縮することで、一定の雇用量をより多くの従業員で分かち合うことを意味します。これまで一人で担当していた仕事を複数の従業員で分け合うことになるので、従業員一人当たりの労働時間は短くなります。それにともない収入が減ってしまうため給料だけでは生活できなくなる人もいます。そのような人は空いた時間に**アルバイト**をして収入を補っています。
　失業者を支援する体制はまだまだ不十分で、再就職するのは

容易ではありません。雇用の**セーフティーネット**を整備することが政策の重要な課題となっています。

本文中のカタカナ語

- **リストラ** リストラクチャリング（restructuring）の略語。業績不振などの企業側の都合による解雇、首切りを意味する。
- **アルバイト**（Arbeit 独）正規の社員としてではなく、臨時に雇われてする仕事
- **セーフティーネット**（safety net）安全網、安全弁。損害や危機に備えて用意された制度。例として、死亡に備える生命保険や失業に備える失業保険などが挙げられる。

関連語

- **ハローワーク**（Hello Work）公共職業安定所の通称。和製語。求人、求職情報を収集整理して、求職者と企業を引き合わせる専門機能を担っている。

NPO／NGO

【語形】　NPO（エヌピーオー）(non-profit organization)
　　　　　NGO（エヌジーオー）(non-governmental organization)
【意味】　民間で設立された、利益を求めない団体、政府から独立した組織
【訳語・言い換え語】　非政府組織、非営利団体

　国、または国家間の大まかな方針を決定するのは政府の仕事です。しかし、一国家だけではなかなか手の届かない身近な問題が存在します。たとえば、環境保全、文化振興活動、社会的弱者（高齢者、身体障害者、子ども、外国人など）に対するケアなどがそうです。こういった生活の身近な諸問題の解決や改善に取り組んでいるのが **NPO** と呼ばれている市民団体です。

　これらを従来の財団法人や社団法人とは異なる公益法人として認めようと、日本では 1998 年に NPO 法が成立しました。2007 年の内閣府による「国民生活白書」によると、各都道府県が認定した NPO は 28,000 団体以上、内閣が認定した NPO は約 2,500 団体にのぼります。

　NGO は NPO の一つですが、主な活動は国境や国策に捉われない、政府から独立して活動を行う団体のことです。具体的には軍縮や飢餓救済、人権侵害にさらされている人々の救済、環境保全に関する活動に取り組んでいます。テレビでもときどき見られる「国境なき医師団」、また **YMCA、YWCA** などの諸団体はいずれも NPO、NGO の一種です。紛争時や災害時における、これらの諸団体の重要性はこれからも増していくことでしょう。

　NPO・NGO をサポートする人は多くが**ボランティア**です。また有給の専任スタッフも存在しますが、多くの NPO・NGO

は資金繰りに苦労しており、団体スタッフをとりまく労働環境は厳しいものがあります。この資金・支援不足は日本のNPO・NGOの問題の一つであり、能力ある人材がなかなか集まらなかったり、民間企業へ流出する傾向があります。また、「公益・公共性」が大きな目的であるにも関わらず、団体が特定の価値観で活動しているため、必ずしも市民の意向に即した支援がなされていないという批判もあります。

本文中のカタカナ語

▷ **YMCA, YWCA**（キリスト教青年会 Young Men's Christian Association、キリスト教女子青年会 Young Women's Christian Association）19世紀半ばにイギリスで発足された非営利団体。現在ではボランティアや国内外の福祉活動、教育活動に取り組んでいる。活動理念の一つとしてキリスト教精神をおいているが、活動参加者の信仰は規定していない。

▷ **ボランティア**（volunteer）自らの意思によって無償で社会奉仕活動に参加すること。例としては老人介護や、街の清掃、外国人への様々なケアなどがあげられる。

関連語

❖ **ネットワーク型NGO**（network-type NGO）増加するNGOの連携を取り持ったり、情報を提供することでNGOの活動を円滑に進める役割を果たすタイプのNGO

❖ **シビル・ソサエティ**（civil society）政府や企業、家族や血縁から独立した様々な団体・組織のこと。ただし、国家と対立するのではなく、国と市民の中継を行なう役割を担う団体。大学や研究機関もこのうちの一つ

❖ **ジャパン・プラットフォーム**（Japan platform）国際的な活動や支援をより広く行うため、NPO・NGO、政府・経済界・学会・民間財団がそれぞれの特性や資質を生かし、結成された日本の組織。2000年設立。2001年法人認可

❖ **ODA**（Official Development Assistance）政府開発援助。開発途上国の経済発展や科学技術の向上のために先進国が資金・技術支援を実施すること

エンパワーメント

【語形】　エンパワーメント（empowerment）
【意味】　力をつけること、力を与えること
【訳語・言い換え語】　能力開化、権限付与、権限移譲

　弱者や**マイノリティー**（少数者）の人権を配慮した共生社会を目指すためには必須の考え方です。開発援助や男女共同参画社会の議論などでよく使われます。後者の文脈では、「女性が力をつけ、男性と同等の社会的権利を持ち、社会的活動が行えるようにすること」という意味を持ちます。
　アメリカでは1960年代、黒人差別解消を目指した公民権運動が高まりました。これと連動してウーマンリブ運動や**フェミニズム**（女性解放運動、男女同権論）が唱えられ、社会におけるさまざまな性的格差や性差別の解消が目指されました。これらが**エンパワーメント**運動の始まりといえるでしょう。
　日本においても、最近では性に限らず、高齢者や障害者、あるいはアイヌ民族などの少数民族など、一般に社会的弱者と言われる人や集団についても、広く使われるようになってきました。
　さて、**ジェンダー**（社会文化的性）とは、人が成長する中で身につける性役割や性意識のことを言いますが、「男のくせに…」とか「女だてらに…」というような言い方は、個性を無視しジェンダーに縛られた考え方として、**ジェンダーフリー社会**を目指す人たちからは批判されています。両性が自由に従事できるように、あるいはことさら性を表示することを避けるために、例えば以下のような職業名の変更がなされ、性を表示する要素がなくなりました。

看護婦→看護師　　スチュワーデス→客室乗務員
保母→保育士　　　ウェートレス→ホールスタッフ

　エンパワーメントは、経営学の用語として、「社員個人の裁量権を拡大する」という意味でも用いられています。日本社会に何かと多い「上からの指示を仰ぐ」体制から、交渉の現場で迅速にまた柔軟に意思決定ができるように個人の裁量権を拡大し、社員一人ひとりに権限を付与する、ということです。

本文中のカタカナ語

▷ **マイノリティー**（minority）少数派、弱者
▷ **フェミニズム**（feminism）女性の人権擁護運動、男女同権主義
▷ **ジェンダー**（gender）社会的、文化的な性
▷ **ジェンダーフリー社会**（gender-free）性にとらわれない社会、女性が男性と同等に活動できる社会

関連語

❖ **セックス**（sex）生物学的な性、身体的性
❖ **セクシズム**（sexism）性差別主義、職場などでの性差別

コラム　●外来語の手引き●　③ 和製外来語

外来語の中には、既存の外来語を組み合わせて日本独自に作り出されたものがある。これを和製外来語（和製語）と呼ぶ。大部分は和製英語である。

ノーカーデー（no car day）　プライスダウン（price down）
ベースアップ（base up）　エコカー（eco-car）
ナイター（night game）　フリーター（free 英　Arbeiter 独）

LOHAS

【語形】 Lifestyles Of Health And Sustainability の頭文字をとった造語
【意味】 健康と持続可能な社会・環境を志向するライフスタイル
【他の言い方】 ロハス

　LOHAS（ロハス）は健康と**サステナビリティー**を志向する**ライフスタイル**のことです。全米15万人に行った価値観に関する調査結果から、アメリカの社会学者らによって唱えられた概念です。アメリカやヨーロッパでは2-3割がLOHAS層だと言われています。
　LOHASは環境保護か、便利さの追求か、といった二者択一の考え方ではありません。無理や我慢をするのではなく、豊かな暮らしと健康・環境も同時に守っていくのがLOHASな生活なのです。
　朝日新聞（2007年3月17日）にはLOHAS層が好む5つの市場として以下のものがあげられています。
　① 持続可能な経済…省エネ製品や再生可能エネルギーなど
　② 健康的なライフスタイル…**オーガニックフード**や**マクロビオティック**など
　③ 代替医療…ホメオパシーや東洋医学、**サプリメント**など
　④ 自己開発…**ヨガ**教室や生涯学習講座など
　⑤ **エコロジカル・ライフスタイル**…エコツーリズムや環境配慮型住宅など
　日本でもLOHASは様々なメディアで取り上げられるようになり、LOHAS特集を組む雑誌も増えています。イースクエアの「LOHAS消費者動向調査2007」によると、2006年にはLOHASの認知度（聞いたことがある、聞いたことがあり

おおよその意味を知っている）は38％でしたが、翌2007年には61％に急増しています。さらにLOHASというライフスタイルに興味がある人は2006年には30％でしたが、2007年には44％に増加しています。

　LOHASが注目を集めているのは、環境保護や健康に関心を持つ人が増えているからだけではありません。LOHASが新たなビジネスチャンスにもつながっているためです。ロハスレストランやロハスバー、ロハスコスメ、ロハスな葬儀など、様々な分野でロハスが使われています。

本文中のカタカナ語

- ▷ **サステナビリティー**（sustainability）持続可能性
- ▷ **ライフスタイル**（lifestyle）生活様式。生活スタイルとも。
- ▷ **オーガニックフード**（organic food）有機栽培で作られた食品
- ▷ **マクロビオティック**（macrobiotics）野菜や自然食品を食べる健康法
- ▷ **ホメオパシー**（homeopathy）類似治療法。健康な人に与えると病気になる薬物をごくわずかだけ与えることで治療を行う。
- ▷ **サプリメント**（supplement）栄養補助食品
- ▷ **ヨガ**（yoga）もともとはインド哲学の修行法だが、これを応用したものが健康法として普及した。ポーズをとり、呼吸を整え、リラックスする美容運動
- ▷ **エコロジカル・ライフスタイル**（ecological lifestyle）環境に配慮した生活様式
- ▷ **エコツーリズム**（ecotourism）自然保護を意識した観光

関連語

- ❖ **スローライフ**（slow life）ゆっくりした生活様式。和製語
- ❖ **スローフード**（slow food）ゆっくり時間をかけて料理を作り、ゆっくり楽しみながら食べること

セクハラ

【語形】　セクシュアル（sexual）　ハラスメント（harassment）
【意味】　性的な嫌がらせをすること
【訳語、言い換え語】　性的嫌がらせ、性的虐待
【他の言い方】　セクシュアル・ハラスメント

　日本で初めての**セクハラ**裁判が行われたのは1989年です。それから約10年の間に、セクハラ防止のための様々な法律が作られ、改正されてきました。しかし残念なことに、セクハラが原因で職を失ったというような報道が現在でも多くなされています。

　セクハラというと男性が女性に対してするものだと思うかもしれませんが、最近では女性が男性にするセクハラも問題になっています。そのため、職場では女性だけでなく男性に対するセクハラも含めて、事業主が対策をとるよう義務付けられています。

　セクハラには上司が、昇進の条件として性的関係を強要するなどの「対価型」と、性的で不快な会話をするなどの「環境型」の2種類があります。

　「対価型」はセクハラをする側が意図的に行っているものですが、「環境型」は本人が意図せず無自覚なまま行動している場合もあります。何を不快に思うかは人によって違いますから、セクハラになるかどうかが微妙な場合もあるでしょう。大切なことは、不快なことは不快と言える環境を整えることです。

　また、似たような嫌がらせはほかにもあります。たとえば、**パワハラ**や**アカハラ**、**アルハラ**などです。

　セクハラやパワハラ、アカハラ、アルハラのない世の中になってほしいものです。

本文中のカタカナ語

▷ **パワハラ**（power harassment）職場で職務上の権限などを笠に着てする嫌がらせ。パワーハラスメントの略。和製語
▷ **アカハラ**（academic harassment）大学などで教授などが学生や下の研究者にする嫌がらせ。アカデミックハラスメントの略。和製語
▷ **アルハラ**（alcohol harassment）アルコールによる嫌がらせ。和製語

関連語

❖ **モラルハラスメント**（moral harassment）ことばや態度で人格や尊厳を傷つける暴力

コラム ●外来語の手引き●

④ 和製アルファベット略語

日本語にはカタカナ表記の外来語とともに、アルファベットの略語が原語そのままで入ってきている。この時の読み方は、外来語の場合と同様である。

　　APEC　エーペック　アジア太平洋経済協力
　　ASEAN　アセアン　東南アジア諸国連合
　　NATO　ナトー　北大西洋条約機構
　　WTO　ダブリュティーオー　世界貿易機関

アルファベット略語にも「和製外来語」と同様、日本で独自に作られたものがある（和製略語）。

　　BGM　ビージーエム　背景音楽
　　CM　シーエム　広告、コマーシャル
　　KY　ケーワイ　空気が読めない（察しができない）
　　LDK　エルディーケイ　居間・食堂・台所
　　SP　スペシャル　特別（番組）

ハザードマップ

【語形】　ハザード（hazard）　マップ（map）
【意味】　災難や危険を記した地図
【訳語・言い換え語】　災害予測地図　防災地図

　日本は災害大国といわれています。たとえば、地震についてみると、世界で起きている**マグニチュード**3以上の地震の実に9割が、この日本列島に集中しているのです。これは、地震を引き起こす原因となっているプレートの境界が日本列島の近辺に集中し、その沈み込みなどの動きが地震を誘発しているからです。地震による津波（tsunami）の襲来、火山の爆発、その他、台風や集中豪雨による被害など、自然災害は絶え間なく起きています。

　ハザードマップは、ある災害がどのような地域にどの程度及ぶのかを**シミュレーション**し、それを地図化したものです。たとえば、もしも富士山が噴火した場合、マグマや火砕流は、どの地域にどの程度広がるのかや、もし南海地震が起きて津波が押し寄せてきたとき、どの地域にどの程度の高さのものが来るのかなどを、自治体ごとに作成してあります。右ページにサンプルとして、大阪府泉大津市のものを掲げました。予測される津波の高さや到達時間は、地震の規模や震源からの距離、またその土地の地形などが関係しています。実際のマップでは、津波の高さを色分けして示してあります（自治体のホームページなどで閲覧できます）。また、マップには災害時の避難場所も示してありますから、住民はそれを頼りに、どこへ避難すればいいかを知ることができます。

　災害を防ぐ、あるいはそれを減らす（減災）ためには、災害

の当事者である住民と行政をはじめとした災害時の関係者が常日頃から**リスク・コミュニケーション**をはかっておく必要があります。また、いったん災害が起きた時には、**ライフライン**（電気・水道・ガスなど）の確保が最重要課題となります。

本文中のカタカナ語

- **マグニチュード**（magnitude）震源における地震の規模を示す単位。ちなみに「震度」は、ある地点での地震の規模を指す。
- **tsunami**（津波）海底地震によって引き起こされ、陸地に押し寄せる高波
- **シミュレーション**（simulation）　試行実験による予測
- **リスク・コミュニケーション**（risk communication）　ある出来事の関係者がその危険性を共有し、互いの情報交換を行うこと
- **ライフライン**（life line）　電気、水道、ガスなど人の生命や生活を守る根本となるもの。通信を加えることもある。

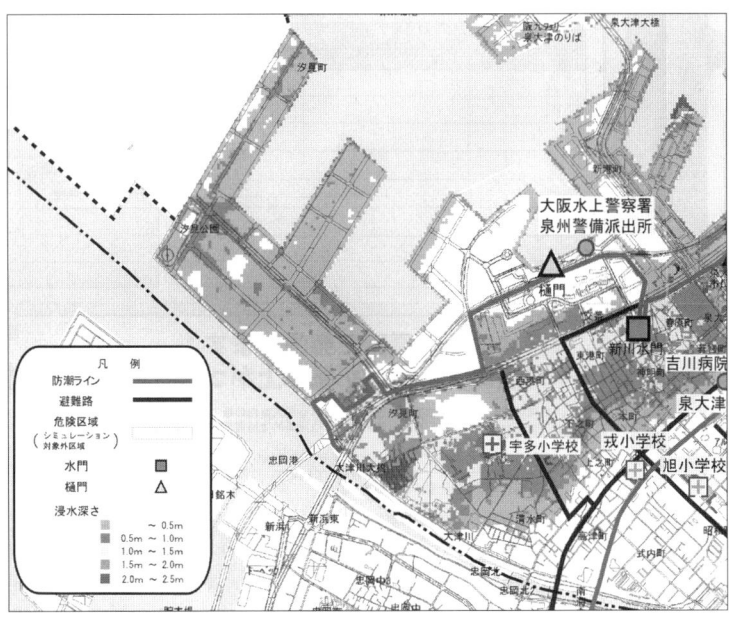

出典　泉大津市津波ハザードマップ
http://www.city.izumiotsu.osaka.jp/kikikanri/hazardmap.html

バリアフリー

【語形】　バリア（barrier）　フリー（free）
【意味】　障害者や高齢者にとっての障壁をなくすこと
【訳語、言い換え語】　障壁なし

　バリアフリーの低床バスやバリアフリー住宅などが広まっています。障害者や高齢者が社会参加する上で障壁となるものを除去しようというのがバリアフリーの考え方です。道や床の段差をなくしたり、手すりをつけたりするのもその一例です。バリアにはこのような物理的なバリアだけでなく、障害者への差別となる欠陥条項などの制度的バリア、差別意識のバリア、情報提供手段の問題で生じてしまう文化・情報のバリアの4つがあります。本当にバリアフリーにするには、単に物理的なバリアをなくすだけでなく、4つ全てをなくさなければなりません。
　4つのバリアは障害者や高齢者だけでなく、すべての人にとってもバリアとなるものですが、バリアフリーと聞くとすぐに障害者や高齢者と結び付けてしまいます。そこで、**ユニバーサルデザイン**という概念が出てきました。人々の意識を変えるために**ユニバーサルデザインの7原則**がまとめられました。だれにでも公平に、簡単に、安全に楽に使えることなどを目指すものです。従来は医者や救急救命士にしか使えなかったものを、だれにでも使えるようにした**AED**もユニバーサルデザインの一例です。
　これらの背景には、だれもが一緒に暮らせる社会にしようという**ノーマライゼーション**の考えがあります。

本文中のカタカナ語

▷ **ユニバーサルデザイン**（universal design）すべての人のためのデザイン。誰にでも使いやすい形に設計すること
▷ **ユニバーサルデザインの7原則** ①だれにでも公平に利用できること、②使ううえで自由度が高いこと、③使い方が簡単ですぐわかること、④必要な情報がすぐに理解できること、⑤うっかりミスや危険につながらないデザインであること、⑥無理な姿勢をとることなく、少ない力でも楽に使用できること、⑦アクセスしやすいスペースと大きさを確保すること、の7つがあげられている。
▷ **AED** （Automated External Defibrillator）（38-39頁参照）
▷ **ノーマライゼーション**（normalization）等しく生きる社会の実現。等生化とも。すべての人が当たり前に生活できる社会がノーマル、すなわち正常であるという考え

関連語

❖ **バリアフリー新法** 高齢者、障害者等の移動等の円滑化の促進に関する法律。従来の交通バリアフリー法とハートビル法が統合されたもの
❖ **情報アクセシビリティ**（accessibility）情報やそれにともなうサービスへの近づきやすさ、あるいは利用のしやすさ

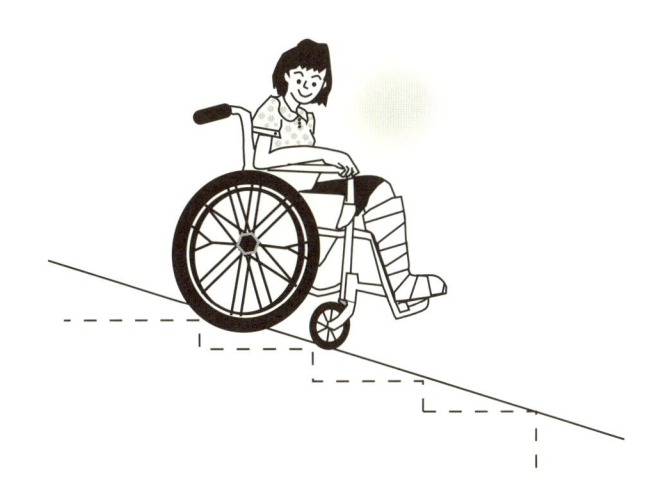

フリーター

【語形】　フリー（free）　アルバイター（arbeiter 独）
【意味】　アルバイトで生計をたてている人

　商店などで接客等の職場体験をしている中高生を目にする機会が増えました。また在学中に**インターンシップ**を体験する大学生も増加しています。これらは**フリーター**や**ニート**対策として文部科学省が推進する**キャリア教育**の一環として行われているものです。
　フリーターとは定職につかずにアルバイトだけで過ごす人のことで、日本で作られた和製語です。正社員になれずフリーターにならざるを得ない人もいますが、正社員になりたくなくて自らフリーターを選択している人もいます。
　近年、フリーターの総数はやや減少傾向にありますが、その一方でフリーター生活の長期化が問題となっています。10代や20代前半のフリーターであれば、正社員になる可能性もありますが、20代後半になると正社員への道は大変険しいものになります。
　さらに近年、住居を失い24時間営業のインターネットカフェやマンガ喫茶などで寝泊りするいわゆる**ネットカフェ難民**の増加が問題になっています。フリーターのように正規雇用でない場合には、一度住処(すみか)を失うと住所がないことで不安定な職しか得られずアパートを借りるお金も貯まらない、という悪循環から抜け出せなくなってしまうのです。新しい形の**ホームレス**とも言われ、その半数近くを20代～30代前半の就職氷河期世代が占めています。

またフリーターとともに大きな社会問題となっているのがニートの増加です。フリーターは就業している、あるいは就業を目指しているのに対し、ニートは就業の意思がないという点で大きく異なります。

　フリーターやニートの増加は、日本経済の成長や競争力の低下を招き、税収や年金などの社会保障にとってもマイナスになります。そのため、先に述べたキャリア教育などの取り組みが始まっています。しかし対策はまだ十分ではなく、さらなる支援体制の整備が求められています。

本文中のカタカナ語

- **インターンシップ**（internship）学生が就職体験をする制度
- **ニート**（NEET）not in employment、education or training の頭文字。就業も就学も職業訓練もしていない若年層
- **キャリア教育**（career）子どもたちが生きる力を身につけ社会人、職業人として自立していくことができるようにする教育
- **ネットカフェ難民**（net cafe）インターネットカフェなどの24時間営業の店で寝泊まりする人々
- **ホームレス**（homeless）住まいを失った人

関連語

- **パラサイトシングル**（parasite single）パラサイトは「寄生」、シングルは「未婚者」。親と同居している未婚者。和製語
- **ジョブカフェ**（job cafe）若者が地域の実情にあった雇用関連サービスを受けられるサービスセンター。和製語
- **ワンストップサービス**（one-stop service）窓口一元化。必要な行政サービスを1か所で行うこと
- **ハローワーク**（Hello Work）（23頁参照）

ワークライフバランス

【語形】　ワーク（work）　ライフ（life）　バランス（balance）
【意味】　国民一人一人が、仕事の責任を全うし、充実感をもつとともに、家庭や地域社会においても、多様な生き方が選択できること
【訳語・言い換え語】　仕事と生活の調和

　敗戦後の日本の経済復興は、世界から見ればまさに「奇跡」と呼ぶにふさわしいものでした。何度かの好景気と不景気を繰り返し、今のモノに溢れた日本があるのです。しかしその背景には、大きな犠牲があったことも指摘しなければなりません。長時間労働やサービス残業、休日出勤など、家庭を犠牲にした会社への奉仕が当たり前のように継続されてきました。また、以前よりは改善されたものの、女性が安心して長期間働く環境はまだ完備されているとはいえないでしょう。これまで会社第一主義、金銭至上主義だった日本経営方式も、バブル経済崩壊とともに、仕事と生活の関係を重視した**ライフスタイル**が模索されるようになっています。また、これほどの不景気にもかかわらず、人は単に労働賃金だけではなく、働くことによる生き甲斐を求めています。企業との**ミスマッチ**ができるだけ生じないようにしているのも現代的な風潮といえるでしょう。男性も女性も仕事（work）だけではなく、個人や家族の生活（life）も充実してこそ、本当の幸せが実感できるといえます。
　2007年には政界・財界・労働界などの合意で「ワークライフバランス憲章」と、その実現のために具体的な数値や政策を示した「行動指針」が策定されました。そこでは有給休暇の完全取得、育児休暇取得の数値目標などが示されています。また、企業だけではなく、地域における**シビルミニマム**の充実

も、**ワークライフバランス**をとるためには重要であるといえます。日本で「ワークライフバランス」というと、少子化対策や男女共同参画の政策として使われることが多いようです。しかし、すでに80年代からこの言葉が使われていた欧米では、単にそういった点のみならず、**ワークシェアリング**などの労働時間政策や非正規労働者問題など、「労働と生活万般」の改善に関わっています。

　世界金融恐慌のあおりで厳しい状況が続く中、「働くことはどういうことか」を考えるのは国にとっても労働者にとっても重要なテーマです。企業が自社の都合で労働者を解雇するのは、残った者の**モチベーション**を考えても得策であるとは限りません。また、労働者も自分たちの要求ばかりを押し付けていると、やがて企業全体の競争力がそがれ、結局は自分たちの働き場所がなくなってしまう恐れがあります。国・企業・労働者が少しでもメリットの高い結果が得られるように互いに建設的な議論が望まれています。

本文中のカタカナ語

▷ **ライフスタイル**（life style）生活様式や、生活習慣。趣味や嗜好、他者との交流など、その人の個性を表す生き方（29頁参照）
▷ **ミスマッチ**（mismatch）組み合わせが不適当、不釣合いなこと。求人側と、求職側の要求がかみ合わない「雇用ミスマッチ」など
▷ **シビルミニマム**（civil minimum 和製英語）市民が最低限度の生活が送られるよう、地方自治体が保障しなければならないとする基準のこと。郵便などはそのうちの一つ
▷ **ワークシェアリング**（work sharing）一人当たりの労働時間を短縮し、その分就業者数を増やすことで、企業のリストラを回避すること（22頁参照）
▷ **モチベーション**（motivation）何か目標とするものがあり、それに向けて行動を起こし、その行動を支えようとする力。教育現場や企業では「やる気」というように言われる。

AED

【語形】　AED（Automated External Defibrillator）
【意味】　電気ショックを与え心臓のリズムを正常に戻す機器
【訳語、言い換え語】自動体外式除細動器

　　駅や大学のキャンパス内で右ページ図のようなものを目にしたことがある人も多いのではないでしょうか。これは **AED**（エーイーディー）と呼ばれるもので、心停止した人の心臓を元に戻す機器です。以前は医師や救急救命士しか使用を認められていませんでしたが、2004年から一般の人も使用が認められるようになりました。
　　電源を入れると、音声による指示が流れ、左右の胸に電極パットを装着します。その後心電図を自動で解析し、必要があれば電気ショックを与えるボタンを押すよう指示が流れます。指示に従えばよいため、だれでも使うことができます。
　　京都大が1998年から2006年に大阪府内で、病院外で心停止した人のデータを分析したところ、AEDの登場により電気ショックを受けるまでの時間が8年間で半分以下になり、救命率は倍になったことがわかりました（朝日新聞2009年3月29日）。心停止した場合、もう一度心臓が動き出すまでの時間が短ければ短いほど、救命率が上がります。この調査結果からも、AEDが救命に効果的であることがわかります。この調査ではAEDを使用したのはほぼ全員が救急救命士ですが、これまでに一般の人がAEDを使用し、心停止の人の命を救ったケースも報告されています。
　　近年、駅や学校、スポーツ施設、商業施設などの公共の場所でAEDの設置が進んでいます。しかし、実際にAEDを使お

うとしてAEDのボックスを開けたところ、電池切れで使用できない状況になっていたというケースが多く報告されるようになってきました。設置したらそれで終わりというのではなく、常に使えるようメンテナンスを怠らないようにしなければなりません。

　救急患者の救命は時間との戦いです。患者を病院に搬送し、医師の治療を受けるまでの時間が短いほど救命率が高くなります。そのため、**ドクターヘリ**や**ドクターズ・カー**を導入している自治体もあります。また、より効率的に救急搬送ができるように**トリアージ制度**を導入したりもしています。しかし、安易な救急車の出動要請が増え、日本の無料の救急制度は疲弊しきっています。そのため、救急車を有料化すべきではないかといった議論も起きています。

本文中のカタカナ語

- ▷ **ドクターヘリ**（doctor heli）医師が乗りこんでいる救急ヘリコプター。和製語
- ▷ **ドクターズ・カー**（doctor's car）医師が乗り込んでいる救急車。和製語
- ▷ **トリアージ制度**（triage）トリアージは「選別」の意。救急搬送する際に、患者を症状別に6段階にわけ、重傷患者を優先して搬送する制度。分類後、段階別に異なる色のトリアージタグ（札）がつけられる。

関連語

- ❖ **コンビニ受診**　軽傷であるにもかかわらず、深夜や休日、安易に受診すること
- ❖ **モラルハザード**（moral hazard）（17頁参照）早く診てもらえる、無料だからという安易な救急車の出動要請の増加はモラルハザードが原因である。

アンチエイジング

【語形】　アンチ（anti）エイジング（aging）
【意味】　加齢（エイジング）を防ぐこと
【訳語、言い換え語】　抗加齢、抗老化

　化粧品コーナーにはしわを目立たなくしたり、シミを目立たなくしたりすることを謳う商品がところ狭しと並んでいます。これらの商品は実年齢より若く見られることを望む消費者をターゲットにしています。朝日新聞の「be between」（2009年6月13日）のアンケート結果によると、4人のうち3人が「若く見られたい」と答えており、日本人の多くが若く見られることを望んでいることがわかります。
　アンチエイジングには**ホルモン**の低下や免疫力の低下などを防ぐ医学面からのものと、しわやシミなどを防ぐ美容面からのものの2種類があります。本来は前者を指していましたが、現在では先に述べた化粧品の例からもわかるように、アンチエイジング美容が大きく注目されています。
　加齢や老化を防ぐというと、中高年が中心のように思うかもしれませんが、必ずしもそうとは言えません。最近は20代からアンチエイジングに取り組む人も多くいます。**スキンケア**を怠らず、**サプリメント**で栄養を補給し、**エステ**で痩身に励み、若さを追求するのです。美容外科でしわをとる手術や注射などを行い、若さを取り戻そうとする人もいます。いつまでも若くありたいという女性の心理の表れでしょうか。しかし、最近は男性の間でもアンチエイジングへの意識が高まっており、男性のためのスキンケア用品も増え、売り上げも大幅に増えています。

このようにアンチエイジングが好まれる傾向にありますが、近年ではエイジングは悪いことではなく、年齢を重ねていくことを否定すべきではないという考え方も出てきています。年を重ねることでこそ得られる自然な美を大切にするほうが、自然の摂理にも合っているのかもしれません。

本文中のカタカナ語

- **ホルモン**（Hormone 独）体内の器官から分泌され代謝を調整する化学物質。男性ホルモン、女性ホルモンなど
- **スキンケア**（skin care）肌（スキン）の手入れ（ケア）
- **サプリメント**（spplement）（29 頁参照）
- **エステ**（esthétique 仏）痩身や美顔など美容を心身両面から行う全身美容（47 頁参照）

関連語

- **アロマセラピー**（aromatherapy）アロマ（芳香）を香炉で炊いたり、マッサージや入浴剤として使用したりすることで、心身を癒す療法
- **ピラティス**（pilates）ゆったりした動きで体のゆがみを正す運動
- **リフレクソロジー**（reflexology）足裏のツボを刺激することで、体のバランスを整える健康法

コラム ●外来語の手引き●

⑤ 意味のズレ

外来語の中には、原語と意味が違っているものがある。

アバウト（about）	いい加減な
カンニング（cunning）	試験時の不正行為
シルバー（silver）	高齢者、お年寄り
スマート（smart）	細身で格好いい
タレント（talent）	芸能人
マンション（mansion）	集合住宅

インフォームド・コンセント

【語形】　インフォームド（informed）　コンセント（consent）
【意味】　十分な説明を受けた上での同意
【訳語、言い換え語】　納得診療、説明と同意

　病院で治療を受ける際、以前は医師が治療方針を決定していましたが、患者の知る権利や自己決定権などの権利意識の高まりから、**インフォームド・コンセント**の考え方が広まってきました。アメリカでは1980年代から実施されてきましたが、日本でインフォームド・コンセントが知られるようになったのは90年代のことです。

　患者は医師から病気の説明、治療法とその目的、治癒の確率、治療法の問題点、危険性などの説明を受け、理解した上で、治療に同意します。

　近年はその延長として、**セカンド・オピニオン**の利用も広まってきました。異なる医師から情報を得ることで、納得して治療を受けることができます。セカンド・オピニオンを受けることによって、主治医との関係が悪くなることを心配してセカンド・オピニオンを求めない患者もいますし、主治医に言わずにセカンド・オピニオンを求める患者もいます。しかし、主治医にセカンド・オピニオンを受けることを伝えなければ、もう一度検査を受けることになり、時間的にも経済的にも心理的にも大きな負担となります。主治医にセカンド・オピニオンを求めることを伝え、検査結果などを提供してもらうことが必要です。患者側から求めるだけでなく、医師の側からもセカンド・オピニオンを受けることを勧める体制への移行も必要なことかもしれません。

インフォームド・コンセントは治療の際に用いる医薬品にも当てはまります。**ジェネリック医薬品**を使えば、医療費を抑えることができるため、患者にとってメリットがあります。しかし、全く同じ成分を使っているわけではないことなどもあり、先発医薬品ほどには効果が得られないと考える医師もいます。そのため、アメリカ等と比較すると、日本でのジェネリック医薬品の使用率は低いのです。

インフォームド・コンセントでは、医師は説明さえすればよいのではなく、患者が理解できるように説明することが求められます。説明をしても、専門用語ばかりで患者が理解できなければ意味がありません。医師が患者に説明する際に簡単なことばに置き換えるなどの工夫が必要です。一方、患者側にも自分の治療方針は自分で決めるという意識が求められます。

本文中のカタカナ語

- ▷ **セカンド・オピニオン**（second opinion）最初に診察を受けた医師とは別の医師の意見
- ▷ **ジェネリック医薬品**（generic name drugs）後発医薬品。新薬（先発医薬品）の特許が切れた後に、別のメーカーによって製造・販売されるもので、価格が安いというメリットがある。

関連語

- ❖ **インフォームド・チョイス**（informed choice）医師から十分に説明を受けた後で行う選択

セラピー

【語形】　セラピー（therapy）
【意味】　心身の健康を目的としたいろいろな療法
【訳語・言い換え語】　心理療法
【他の言い方】　テラピー（フランス語）

　現代の日本は自殺者が毎年3万人を超すという超ストレス社会です。そこで精神の癒し（ヒーリング）のニーズが高まり、さまざまな種類の**セラピー**が人気を博しています。
　もっともポピュラーなのは、おそらく匂い（**アロマ**）によるセラピー、アロマセラピー（aroma-therapy）、アロマテラピー（フランス語）ではないでしょうか。これはなにも今に始まったことではなく、いわゆる「お香を焚く」習慣は平安時代からありました。匂いを嗅ぐことでストレスを解消したり、心身をリラックスさせたりするわけです。
　最近では**ペット**を飼う家庭が急速に広まり、その供給を担う**ブリーダー**がひとつの職業として成り立つほどのペット社会でもあります。少子高齢化社会で暮らす日本人の癒しのひとつがペットなのです。子育てが一段落した家庭、あるいは独り暮らしの高齢者の話し相手としての役割もあります。日常の会話の中で「うちの子が…」というときの「子」は、実はその家のペットであることもしばしばです。なお、ペットに限らず、動物との一般的関わりによる療法をアニマル・セラピーと言います。
　セラピーには、匂いや動物以外にもさまざまの種類があります。音楽による音楽セラピー（ミュージックセラピー）、色によるカラーセラピー、写真によるフォトセラピー、芸術活動を通したアートセラピーなどなどです。
　また、心理というよりは身体の健康を中心にしたセラピーも

あります。足のマッサージによるフットセラピーは「足操術」（日本フットセラピスト協会）とも言われます。また、タラソセラピーは海藻（タラソ）を体に塗ったり、摂取したりする療法です。これは美肌などの効果も狙ったものであり、**エステ**の一種でもあります。

本文中のカタカナ語

- ▷ **ヒーリング**（healing）癒し
- ▷ **アロマ**（aroma）匂い、香り
- ▷ **ペット**（pet）愛玩動物
- ▷ **ブリーダー**（breeder）繁殖者。家畜やペットの繁殖を職業とする人
- ▷ **エステ**（esthétique 仏）美顔、美肌など、体を美しくする療法。また広く身体の健康のための療法（43頁参照）

関連語

- ❖ **セラピスト**（therapist）療法士、療法学者、セラピーを行う人
- ❖ **スピリチュアル**（spiritual）スピリット（spirit 精神、霊）から来た語で、霊的な作用を利用しながら行う心理療法

トラウマ

【語形】　トラウマ（trauma）
【意味】　精神的なショック、心に残る深い傷
【訳語、言い換え語】　心的外傷、心の傷

　もともとはギリシャ語で「傷」を表す語なのですが、近年は精神医学の分野で「強烈な心の傷」を指す意味が広まりました。
　トラウマは、地震や洪水などの自然災害、戦争や事故、あるいはまたテロや虐待などの人為的災害や犯罪など、さまざまなことが原因となって生じます。また、犯罪とまではいかなくとも学校や職場でのいじめなど、人間関係に絡むトラブルがトラウマとなり、不登校などを生み出しています。
　1995年に起きた阪神淡路大震災、首都圏で発生したオウム真理教サリン事件、2005年に起きたJR西日本福知山線脱線事故などでは、多くの人が犠牲になりました。また2008年、東京秋葉原の路上で無差別の殺傷事件は、その事件の背景とともに、人々の脳裏から離れません。これらの災害や事件に遭遇した人にとっては、その経験はトラウマとなって、いつまでも消えません。
　トラウマは、時間が経ってすでに過去のものとなった気がしていても、ある時突然に**フラッシュバック**が起き、心身の不調をきたすことがあります。このような現象を**PTSD**（心的外傷後ストレス障害）と呼びます。トラウマの記憶が潜在的に残っており、それがあるふとした音や匂い、あるいは状況などから蘇ってくるわけです。かつて、ベトナム戦争や湾岸戦争などから帰還した米兵に多く見られました。症状としては、不眠、健忘、過剰な警戒心、感情の麻痺などがあります。

トラウマ

　ところで、人ごみのなかで突然手足が震えたり、脂汗が出たり、息苦しくなったり、動悸が打ったりする経験を持つ人がいます。病院で検査しても特に原因がつかめない場合には、**パニック障害（PD）**の可能性があります。このようなパニック障害にもストレスとともにトラウマが関連していると言われています。

本文中のカタカナ語

▷ **フラッシュバック**（flashback）記憶が急に蘇ること。過去へ逆戻りすること
▷ **PTSD**（post traumatic stress disorders）トラウマを受けた後のストレス障害。心的外傷後ストレス障害
▷ **パニック障害**（panic disorders）ある時突然に起こる動悸、めまい、呼吸困難などの身体的異常とともに、強い心理的不安が生じる病気

コラム ●外来語の手引き● ⑥ 発音のズレ

外来語は外国語を日本語化したものであり、原語との発音に違いが生じる。おもなものは次の通り。

1) 音節末母音付加
　　テス<u>ト</u> test　　キャッ<u>シュ</u>（現金）cash　　ケー<u>キ</u> cake
2) 促音「ッ」付加、撥音「ン」付加
　　ペ<u>ッ</u>ト pet　　バ<u>ッ</u>グ bag　　ラ<u>ン</u>ニング running
3) 母音、子音の音の変化
　　ト<u>マ</u>ト tomato　　コー<u>ヒー</u> koffie（オランダ）
　　ミルク<u>セー</u>キ milk shake

プライマリーケア

【語形】　プライマリー（primary）　ケア（care）
【意味】　病気になったときに最初に診てくれる医院や診療所の医療のこと
【訳語、言い換え語】　初期医療、一次医療

　大きな病院では、専門医がそれぞれの専門分野のみを診る専門医療が行われています。例えば、頭と膝が両方痛み、どちらも診てもらいたいとき、大病院ではそれぞれ別の科を受診しなければなりません。そのため、待ち時間が長くなり、具合が悪くて病院に行ったのに、長時間診察を待つ間に疲れてさらに具合が悪くなってしまったという笑えない話をよく耳にします。それに対し、**プライマリーケア**では患者の心身すべてを診てくれますから、受診の待ち時間の短縮になります。

　プライマリーケアは主に地域の医院や診療所などで行われています。心身を総合的に診てもらうことができますから、初期段階での治療だけでなく、相談に乗ってもらうこともできます。また訪問診療を行ってもらうこともできます。**ホームドクター**であれば、患者個人のことだけでなく、家族の既往歴も知っているため、それも含めて診療にあたってもらえます。

　最近は地域の診療所と大病院との連携（病診連携）も進んでいます。まずプライマリーケアを受け、必要があれば専門的医療が受けられる病院を紹介します。よりスムーズな連携のためには、地域連携**クリティカルパス**や**電子カルテ**の共有などが求められます。

　プライマリーケアは**プライマリヘルスケア**の略語であるといわれることがありますが、プライマリヘルスケアは健康を根源的に実現する医療ですから、プライマリーケアとは異なるものです。

本文中のカタカナ語

▷ **ホームドクター**（home doctor）かかりつけ医。家庭医。和製語
▷ **クリティカルパス**（critical path）診療計画表。治療内容や検査項目などを時間に沿って一覧にしたもの。クリニカルパス(診療経路)とも呼ばれる。
▷ **電子カルテ**（Karte 独）カルテ（診療記録）を電子化して管理するシステム
▷ **プライマリヘルスケア**（primary health care）根源的保健医療。WHOとユニセフが主張する「人々の健康を地球規模で根源的に実現する保健医療」のこと。PHCとも。発展途上国を念頭においた地域保健活動

関連語

❖ **WHO**（World Health Organization）世界保健機構。国連専門機関の一つ
❖ **ユニセフ**（UNICEF）国連児童基金。開発途上国の児童への援助を目的とする。

コラム ●外来語の手引き●

⑦ 外来語のアクセント

外来語のアクセントは概略以下のようなルールがある。
（**太字**の部分を高く読む。）

・3拍以下の語は第1拍が高い。　**ハ**ム　**サ**ラダ
・4拍語は第1拍の高いもの、第2拍が高いものがある。
　　センター　ボ**ッ**クス　ア**パ**ート　ス**ポ**ーツ
・5拍以上の語は終わりから3拍目まで高い。
　　ヨ**ー**グルト　チョ**コ**レート　オ**リ**ンピック

・ただし、以下のような場合にはアクセントが変わる。
　（省略複合語）　パ**ソ**コン　マ**ス**コミ　ク**チ**コミ
　（複合語）　　　ス**ポーツセ**ンター　ク**ーラーボ**ックス

ホスピス

【語形】　ホスピス（hospice）
【意味】　末期患者に対し、心理的・社会的・宗教的援助を行う医療施設
【訳語、言い換え語】　緩和ケア病棟

　ホスピスでは末期のがん患者などに**ターミナルケア**を行いながら、患者やその家族が自分らしく生きていけるように支えます。具体的に言うと、無理な延命治療などは行わず、モルヒネなどで痛みをコントロールしながら、最後まで自分らしく生きられることを目的としています。

　ターミナルケアでは「身体的痛み」「精神的痛み（不安など）」「社会的痛み（経済上の問題など）」「スピリチュアルペイン（死への恐怖など）」をまとめてケアし、患者と家族の**QOL**を高めていくことが求められます。近年、ターミナルケアは終末期だけでなく、早期から必要なケアであるとも考えられるようになっています。

　ターミナルケアを行うには、患者が延命治療を望まないことを示す必要があります。そのためには、患者が**インフォームド・コンセント**により、自分の病状についてしっかりと認識し、納得した上で**リビングウィル**を示さなければなりません。

　現在、ホスピスの数は圧倒的に不足しています。ベッド数とがんによる年間死亡者数とで考えると、ホスピスを利用できる患者は10％にも満たないのが現状です。ホスピスの数を増やすと同時に、**在宅ホスピス**の充実を図ることが求められます。在宅ホスピスでのケアが行われるようになれば、より早期からターミナルケアを行うことが可能になります。

　死を目前にした患者本人がつらいのはもちろんですが、そば

で看取る家族も大変つらい状況になります。ホスピスではもちろんのこと、患者が亡くなってからも**グリーフケア**などで家族を支援することが求められます。

本文中のカタカナ語

- ▷ **ターミナルケア**（terminal care）緩和ケア。終末期の患者に対して、対症療法に重点を置き、痛みの緩和を図る医療
- ▷ **QOL**（quality of life）その人がこれでいいと思えるような生活の質
- ▷ **インフォームド・コンセント**（informed consent）（44頁参照）
- ▷ **リビングウィル**（living will）生前の遺言。終末期に、延命治療を拒否する意思を生前に示しておくこと
- ▷ **在宅ホスピス** 住み慣れた自宅で、ターミナルケアを受けること
- ▷ **グリーフケア**（grief care）遺族のグリーフワーク（遺族の悲しみを癒す作業）を支援する活動

関連語

- ❖ **デス・エデュケーション**（death education）死への準備教育。死に直面したり、家族と死別したりすることへの苦悩を和らげる教育
- ❖ **グリーフワーク**（grief work）グリーフは英語で「死別の悲嘆」という意味。喪の作業。悲嘆作業。遺族が悲嘆に対処すること。グリーフは抑制するのではなく、表出することが望ましいとされている。
- ❖ **ペットロス**（pet loss）かわいがっていたペットを失い、悲しんでいる状態

メタボリック・シンドローム

【語形】　メタボリック（metabolic）シンドローム（syndrome）
【意味】　内臓に脂肪がたまることにより、様々な病気を引き起こす状態
【訳語、言い換え語】　内臓脂肪症候群、代謝症候群
【他の言い方】　メタボ

　内臓脂肪がたまると血栓ができやすくなり、動脈硬化を引き起こしやすくなります。動脈硬化は心筋梗塞や脳梗塞の原因となります。**メタボリック・シンドローム**ということばが一気に世間に広まったのは、内臓脂肪の危険性が一般に知られるようになったためでもありますが、メタボリック・シンドロームの診断基準に、身近でわかりやすいウエストサイズが取り入れられたことが大きな原因です。ウエストサイズが男性85cm以上、女性90cm以上で、脂血症、高血圧、高血糖のうち二つ以上に該当する場合、メタボリック・シンドロームと診断されます。
　厚生労働省が04年に実施した国民健康・栄養調査では、メタボリック・シンドロームは940万人、予備軍は1020万人と推計されました。2008年からは、メタボリック・シンドロームの考えを取り入れた**メタボ検診**もスタートしました。厚生労働省も地方自治体もメタボ撲滅のためにいろいろな運動を行っています。
　メタボ撲滅に注目しているのは厚労省や地方自治体だけではありません。企業にとっては大きなビジネスチャンスとなっており、メタボ撲滅に関連するさまざまな商品が売り出されています。内臓脂肪が量れる体重計、脂肪の吸収を抑える飲料、**コレステロール**を低くする食品など、メタボを意識した商品が多くあります。今後もさらにメタボ解消を謳う商品が増えると思われます。

メタボリック・シンドローム

本文中のカタカナ語

▷ **メタボ検診** 生活習慣病の予防のために 2008 年から健康診断にメタボの考え方が取り入れられた。ウエストサイズの測定などが含まれる。
▷ **コレステロール**（cholesterol）脊柱動物の組織に含まれる脂質。血管に多くなると、動脈硬化を引き起こす。

関連語

❖ **BMI**（Body Mass Index）肥満度の判定に使われている体格指数。「体重（kg）」÷「身長（m）の二乗」で求める。日本肥満学会は 25 以上を「肥満」としている。
❖ **リバウンド**（rebound）ダイエットに成功したあとに、また元の体重に戻ってしまうこと

●外来語の手引き● コラム

⑧ 紛らわしい語

インテンシブ：インセンティブ（集中 intensive：報酬 incentive）
インフレ：インフル：インフラ（通貨膨張 inflation：インフルエンザ
　流行性感冒 influenza：社会基盤, 下部構造 infra-structure）
クリーム：クレーム（クリーム cream：文句 claim）
グレート：グレード（偉大な great：段階 grade）
サイト：サイド（場所 site：側 side）
ジャンル：ジャングル（部類 genre：密林 jungle）
ナショナル：ナチュラル（国家の national：自然な natural）
パッシング：バッシング（通過 passing：批難 bashing）
パラメーター：バロメーター（変数 parameter：尺度 barometer）
バリア：バリュー（障壁 barrier：価値 value）
パンク：バンク（パンク puncture：銀行 bank）
モラル：モラール（道徳 moral：士気 morale）
リピーター：レポーター（再訪者 repeater：報告者 reporter）

IT

【語形】　IT（Information Technology）
【意味】　コンピュータやデータ通信に関する技術を総称的に表す語
【訳語・言い換え語】　情報技術

　近年、情報技術は飛躍的に発展し、情報の流れは劇的に変わりました。**IT**（アイティー）とは、Information Technology の略で、コンピュータや情報通信に関する技術全般を表す語です。ITによって、私たちは、時間や場所に制約されずに、さまざまな情報を得ることができるようになりました。その代表的な例が**インターネット**です。インターネット上の**ホームページ**に**アクセス**することで、自宅にいながら、世界中の情報を得ることができるようになりました。最新のニュースや海外のニュースもホームページで見ることができますし、インターネット上で買い物をしたり、飛行機や列車、ホテルの予約をすることもできます。また、最近では、銀行に行かなくてもお金を出し入れしたり、クレジットカードの決済をすることもできます。会社に行かずに自宅で仕事をする **SOHO** が可能になったのも、ITのおかげです。
　こうしたことを可能にしたITの中でも最も重要な技術の一つが、インターネットの**ブロードバンド**化です。従来の電話回線を使った**ナローバンド**に比べて、大量の情報を高速で送受信できるようになりました。
　最近はITがさらに進化し、**ユビキタス**が実現されつつあります。ユビキタスとは、インターネットなどのネットワーク（複数のコンピュータが接続した網の目のような組織）に、いつでもどこからでもアクセスできる環境のことで、パソコンや

携帯電話などはユビキタスで使われる代表的な端末です。今後は、電子レンジや冷蔵庫のような家電製品も、コンピュータが埋め込まれて、ネットワークに接続できるようになると言われています。

その一方で、ITの発達により、さまざまな問題も起きています。インターネットを介して個人情報が外部に広く流出してしまったり、インターネットの匿名性を利用した迷惑メールやホームページ上の個人攻撃などの問題が深刻になってきています。個人情報の保護や人権侵害を防ぐための方策が緊急に求められています。

本文中のカタカナ語

- **インターネット**（internet）複数のコンピュータが接続した網の目のような組織（ネットワーク）を相互に接続して、一つの世界的なネットワークとして機能するようになったもの
- **ホームページ**（home page）インターネットのWWW（World Wide Webの略で、インターネット上で標準的に用いられる文書）に接続して最初に見える画面
- **アクセス**（access）コンピュータで情報の入力や取り出しを行うこと。または、インターネットなどのネットワークへの接続
- **SOHO**（Small Office, Home Office）自宅や小規模の職場で、情報機器を活用して仕事をする勤務形態
- **ブロードバンド**（broad band）広帯域・高速度通信によるコンピュータネットワーク
- **ナローバンド**（narrow band）電話回線など、狭い帯域を持つ回線で、ブロードバンドの対語として用いる。
- **ユビキタス**（ubiquitous）インターネット等のネットワークにいつでもどこからでも接続できる環境のこと

関連語

- ❖ **ICT**（Information and Communication Technology）情報や通信の技術に関する総称で、ITと同じ意味の語。日本ではITの方がよく使われている。

コンテンツ

【語形】　コンテンツ（contents）
【意味】　中身、内容、情報内容、番組、インターネットなどで流される情報の中身、パソコンなどで処理される情報の中身
【訳語・言い換え語】　情報内容

　英語で**コンテンツ**とは、内容、中身という意味ですが、現在では、さまざまな**メディア**上で流通する映画、音楽、演劇、文芸、写真、マンガ、アニメーション、コンピュータゲームなどの動画や静止画、音声、文字などによって構成される情報内容のことを指します。コンピュータで用いる**アプリケーションソフト**や**データベース**などは、通常コンテンツには含まれません。
　ゲーム、アニメ、音楽、映画などの**コンテンツ産業**は、インターネットの普及と**IT**によって、飛躍的に成長しました。経済産業省の調査によると、2005年の世界全体のコンテンツ産業の市場規模は146兆円で、うち日本国内の市場規模は13.7兆円であり、北米に次いで世界第2位を占めています。しかし、近年、中国、韓国などの国々がコンテンツ産業の育成に力を入れるようになってきており、日本が世界全体に占める割合は年々低下しています。
　日本のコンテンツ産業は、これまでほとんど国の支援を受けずに世界最高水準まで発展しました。ところが、新たなコンテンツを制作するための資金がなかなか調達できなかったり、企業の規模が小さく人材を育成する余裕がなかったりとさまざまな問題を抱えています。こうした問題を解決して、日本のコンテンツ産業の成長を支援することを目的に、2004年に**コンテンツ産業振興基本法**が制定されました。
　最近、コンテンツを取り巻く問題で最も深刻なものの一つが

著作権や知的財産権の問題です。違法コピーや海賊版などの横行が、コンテンツ制作者の権利と利益を侵害し、今後のコンテンツ産業の発展にも大きな影響を与えるため、国による対策と法律の整備が求められています。著作権侵害の問題は国内にとどまらず国境を越えて存在するため、国際的な協力体制の確立も大きな課題となっています。

本文中のカタカナ語

▷ **メディア**（media）媒体、手段。情報伝達媒体を指すことが多い。または、データを記録するのに使う媒体で、フロッピーディスクやCD、DVD など

▷ **アプリケーションソフト**（application soft）文書作成、表計算、ゲーム、通信など、コンピュータで特定の作業をするためのソフトウェアの総称

▷ **データベース**（database）相互に関連のあるデータを蓄積したもの

▷ **コンテンツ産業**　一般的に映画・音楽・ゲーム・放送・出版などの産業の総称をいう。

▷ **IT**（Information Technology）見出し語 56-57 頁参照

▷ **コンテンツ産業振興基本法**　コンテンツ産業を今後の日本の主要な産業として育成していくことを主眼として、2004 年に成立した法律。過去に蓄積されたコンテンツを円滑に利用するための著作権法の改正、コンテンツ制作のための資金調達の方法の多様化、会社法制度の合理化などを定めている。

デジタル

【語形】　デジタル（digital）
【意味】　数字で計算する、計数型の、コンピュータ化された
【他の言い方】　ディジタル

　「デジタル時計」、「**地上デジタル放送**」など、**デジタル**という語がついた言葉を耳にすることが多くなりましたが、このデジタルとはどんな意味でしょう。「デジタル時計」は普通の時計と何が違うのでしょうか。
　デジタルとは、もともとは「一つ、二つ、三つ……」と指を使って数えることを言い、転じて、情報を離散的な数字や数値記号に分割して表す方式を意味するようになりました。時計の例をあげるとわかりやすいでしょう。デジタル時計とは、秒針や長針、短針などの針のある時計ではなく、数字で時間を示す時計のことを言います。デジタル時計では、時間は一秒または一分ごとに断続的に示されますが、針のある時計の場合は、針の連続的な動きによって、時間が示されます。後者のように、針の動きや目盛など、数値を連続した量で示す方式のことを**アナログ**といって、デジタルと区別します。
　情報をアナログからデジタルに変えることをデジタル化と言います。音楽を録音したCDや映像を録画したDVDなどは、それぞれ音楽の情報や映像の情報をデジタル化したものが収められています。情報をデジタル化することで、文字や音、画像など性質の異なる情報を統合することができ、コンピュータを用いて加工することが容易になります。また、CDやDVDに収められた音楽や画像は、カセットテープやビデオテープなどのアナログ情報と違い、劣化が少ないことも大きな利点の一つ

です。そして、デジタル化した情報は、インターネットを通して、世界中に配信することができます。2011年にアナログ放送から完全に移行される地上デジタル放送では、これまでのアナログ放送よりも高品質な映像と音声が受信することができるといわれています。

その一方で、デジタルには問題点もあります。デジタル化した情報は複製が容易なため、不正にコピーされる危険性があります。また、デジタル化された情報には、アナログ情報の持つ微妙な情報は含まれません。CDが普及した今もなお、アナログのレコードを好む人がいるのは、デジタル化されない音がアナログのレコードの音楽には含まれているからだそうです。

本文中のカタカナ語

▷ **地上デジタル放送**（digital terrestrial television）映像や音声をデジタル化して放送するもので、従来のアナログ放送と比べて、高品質な映像と音声が楽しめるだけでなく、チャンネル数が飛躍的に増える、視聴者が自室から番組に参加できるなど双方向が容易であり、文字放送や放送中の番組情報などのデータ放送も充実するなどの特徴を持つ。略して「地デジ」ともいう。
▷ **アナログ**（analogue）数値を時計の針や温度計の目盛など、連続した物理量で表すこと

関連語

❖ **デジタルデバイド**（digital divide）インターネットなどの情報技術を持つものと持たないものとの間に生じる経済や待遇の格差のこと。格差は、年齢や経済力などの個人的要因だけでなく、国家や地域においても生じうる。デジタルディバイドともいう。
❖ **オンデマンド**（on demand）「要求があるとすぐに」という意味で、必要なものを、必要な時に、必要なだけ調達すること。オンデマンド放送とは、視聴者が自分の見たい番組を、見たい時に見ることができる放送のこと

バーチャル

【語形】　バーチャル（virtual）
【意味】　他の外来語の頭について「仮想の」「インターネット上の」という意味を表す。または、現実ではなく、コンピュータ技術によって生成されたもののこと
【訳語・言い換え語】　仮想

　コンピュータ技術が発展し、**インターネット**が急速に普及したおかげで、距離や空間を超えて、多くの人々とのコミュニケーションが同時にできるようになりました。また、大量の情報を瞬時に世界中に発信したり、逆に受信したりすることも可能になりました。こうした技術の発展は、これまでのコミュニケーションやビジネスのあり方を大きく変えました。コンピュータ技術とインターネットによって、時間や空間に縛られることなく買い物ができたり、実際には存在しないような世界を作り出すことができたりするようになったのです。このように、コンピュータ技術によって作られた仮想的な空間や場所などのことを**バーチャル**といいます。たとえば、インターネット上の**ホームページ**に作られた仮想の商店街は、**バーチャルモール**といいます。また、コンピュータが作る画像や音声などによって人工的な環境を作り出し、現実には存在しないのにその環境にいるような感覚を得る体験や、そのようにして作られた仮想的な現実のことを**バーチャル・リアリティー**といいます。バーチャル・リアリティーは、パイロットや宇宙飛行士の訓練や医学教育などに応用されていますが、もっとも身近な例は、テレビゲームです。

　店にわざわざ行かなくても買い物ができたり、その場所に行かなくても本当にそこにいるかのような感覚が得られたりと、

バーチャルはとても便利な半面、問題点もあります。たとえば、バーチャルモールでは、実際に商品を手にすることができないため、届いた商品が自分が予想していたものと違ったりすることもあります。クレジットカードなどで購入した場合、インターネットを介してカード番号や個人情報をやりとりする際に、そうした重要な情報が盗まれて悪用される危険性もあります。また、最近のテレビゲームはバーチャル・リアリティーを使った臨場感の高いものが増えていますが、そうしたゲームの中の暴力的な場面などが青少年に悪影響を与えているという報告もあります。

バーチャルは、時間や空間を超えることができるとても便利な技術ですが、上に述べたような危険性も伴うため、最近では、特に青少年の利用に規制をかけようという動きも見られます。

本文中のカタカナ語

▷ **インターネット**（internet）57頁参照
▷ **ホームページ**（home page）57頁参照
▷ **バーチャルモール**（virtual mall）インターネット上の仮想商店街。サイバーモールともいう。
▷ **バーチャル・リアリティー**（virtual reality）コンピュータ技術やインターネットなどによって作られる音声や映像による仮想的な環境から受けるさまざまな感覚の疑似体験。または、仮想現実のこと

関連語

❖ **ネットショッピング**（net shopping）インターネットを通じて買い物ができるサービスのこと。インターネット・ショッピングの略。オンライン・ショッピングともいう。
❖ **コンピュータ・グラフィックス**（computer graphics）コンピュータを用いて画像を作成すること。またはその画像。略してCGともいう。

マスメディア

【語形】　マスメディア（mass media）
【意味】　新聞・雑誌・週刊誌・ラジオ・テレビなどの媒体
【訳語・言い換え語】　大衆媒体

　世論の多くは、新聞、ラジオ、テレビ、雑誌などさまざまな**メディア**に影響されています。**マスメディア**とは、大量の情報を一方向的に一般大衆に向けて発信する送り手のことを指します。日常的によく耳にする**マスコミ**という語は、もともとは**マス・コミュニケーション**の略で、新聞・ラジオ・テレビ・週刊誌・映画などのマスメディアを通じて、不特定の多数の人々に大量の情報が伝達される社会現象を指しましたが、最近ではマスメディアと同じ意味で用いられています。
　マスメディアは世論や時には国の政策に大きな影響を与えるため、司法、立法、行政と並ぶ第4の権力と呼ばれることもあります。また、マスメディアは、多くの国で、司法、立法、行政を監視する役割も担っています。
　経済や文化の**グローバル化**が進み、**インターネットやマルチメディア**の登場で、大量の情報が高速で世界をかけめぐるようになり、いつでもどこでも世界中の情報を瞬時に得ることができるようになりました。そのため、マスメディアが発信する大量の情報をただ受信するだけでなく、多様なメディアの技術的活用、批判的受容、メディアを使った能動的表現が行える**メディア・リテラシー**の必要性が高まっています。
　また、これまでのようなメディアの受け手としてではなく、インターネットやマルチメディア上に、自ら情報機器を操作して意見や思想、感覚を表現する人々が登場し始めています。新

しい時代のメディア環境に応じて新たな**ジャーナリズム**が生まれてきているといえるでしょう。

本文中のカタカナ語

▷ **メディア**（media）59頁参照
▷ **マス・コミュニケーション**（mass communication）大衆伝達。新聞・ラジオ・テレビ・週刊誌・映画などのマスメディアを通じて、不特定の多数の人々に大量の情報を伝達すること。マスコミと略されることが多い。
▷ **グローバル化**（globalization）国境を越えて全地球的、全世界的、世界中にまたがるようになること。見出し語 8-9 頁参照
▷ **インターネット**（internet）57頁参照
▷ **マルチメディア**（multimedia）デジタル化された情報を基礎に、文字・数字・音声・静止画・動画などの複数の情報の表現形態を統合して扱える方式のこと
▷ **メディア・リテラシー**（media literacy）メディアを社会的文脈で批判的に分析し、評価するとともに、メディアを介したコミュニケーションを自律的に展開できる力と、それを支える術や素養のこと
▷ **ジャーナリズム**（journalism）時事問題や社会問題の報道や解説、論評を行い、世論を作る活動

エコロジー

【語形】　エコロジー（ecology）
【意味】　生態学、生態環境
【訳語・言い換え語】　生態学
【他の言い方】　エコ

　エコロジーとは、生物学の用語で生態学のことを指し、人間をはじめとする動物、植物などの生物と、それをとりまく気象、土壌、地形、光、温度、大気などの無機的な環境との関係を研究する科学のことです。エコロジーが対象とするのは、ある地域におけるすべての生物と環境との総体で、これを生態系（**エコシステム**）と言います。生態系は、気象環境の変化や、人間による開発によって壊されることがあることから、公害による環境破壊との関係で注目されるようになりました。近年、エコロジーは、特定の地域を指すだけでなく、地球温暖化や砂漠化など、地球環境全体も指すようになってきています。
　エコロジーの「エコ」(eco) は「環境の」「生態（学）の」の意味で、さまざまな語の頭について、環境に関する言葉を作っています。たとえば、最近、いろいろな商品に**エコマーク**がついているのを見かけます。エコマークとは、生産過程から最後の廃棄までの全過程において環境への負荷が少なく、環境保全に役立つと認められた商品につけられるものです。エコマークがついていると、消費者は環境保護に役立つ商品を選択して買うことができます。エコマークのように、環境への影響が少ない商品に消費者が識別できるようなラベル（**エコラベル**）をつけて、そうした商品を推奨する制度は、日本だけでなく世界各国に広がりつつあります。
　最近では、環境保護意識の高まりを受けて、環境保全に役立

つ商品やサービスの提供、新しい技術の開発などを行うビジネス（**エコロジービジネス**）に注目が集まっています。低公害車や、**エコロジーグッズ**など環境負荷の少ない製品の製造販売などがそれにあたります。環境省によると、1997年の日本国内のエコロジービジネスの市場規模は、国内生産額の約5％を占め、今後も伸びると予測されています。

本文中のカタカナ語

▷ **エコシステム**（ecosystem）生態系。ある地域におけるすべての生物と無機的な環境との総体
▷ **エコマーク**（Eco Mark）財団法人日本環境協会が、環境保全を考慮していると認定した各種商品に付けられるマーク
▷ **エコラベル**（ecolabel）製品の環境安全ラベル。環境への影響が少ない商品を消費者が識別できるように添付されたマークやラベル
▷ **エコロジービジネス**（ecology business）環境保護に関連する需要に応じて行われる企業活動。エコビジネスとも言う。環境に関する企業活動
▷ **エコロジーグッズ**（ecology goods）環境保全を提唱する商品。再生紙を用いたノートや、フロンガスを含まないスプレーなど。エコグッズともいう。

関連語

❖ **エコハウス**（eco house）環境共生住宅。エネルギー消費（73頁参照）や炭酸ガスの排出の削減のための断熱化や雨水の再利用がなされている住宅

環境アセスメント

【語形】　アセスメント（assessment）
【意味】　地域開発などが行われる際に、周辺の自然環境に与える影響を事前に調査し予測・評価すること
【訳語・言い換え語】　環境影響評価
【他の言い方】　アセス

　ダムや高速道路、空港などの建設は、環境や生態系に大きな影響を与えます。**環境アセスメント**とは、こうした開発が実施される前に調査をして、それが環境や生態系にどのような影響を与えるのかを予測し評価することです。日本における環境アセスメントの法制化は、先進国の中でも最も遅く、1997年に環境影響評価法（環境アセスメント法またはアセス法）が成立し1999年に施行されました。

　環境アセスメント法によって、ダムや高速道路、空港、発電所、埋め立て事業など大規模開発が対象となり、環境アセスメントの結果が開発の許可に反映されるようになりました。そのため、最近では、道路の建設や埋め立て事業で、規模を縮小したり中止したりする例が見られます。長崎県の諫早湾の干拓事業が縮小され、島根県の中海の干拓事業が中止になったのは、環境アセスメントの結果によるものです。また、名古屋港に残された干潟を埋め立ててゴミの最終処分場にする計画が環境アセスメントによって中止された時は、国際的にも大きな反響を呼びました。

　このように、環境アセスメントは、乱開発から環境を保護する役目を担っていますが、環境アセスメントを実施するのも、その結果を開発事業の許認可に反映させるのも、国土交通省や経済産業省など開発を推進する省庁であるため、必ずしも楽観

はできません。環境アセスメントを実効性のあるものにするためには、開発事業を行う事業主と省庁だけで事業の可否が決定されるのではなく、住民の意見が反映される必要があります。そのためには、事業計画の内容がまず公開され、それに対する住民の意見をもとに環境アセスメントが実施されることと、環境アセスメントの結果に対して住民が意見を述べる機会を作ることが不可欠です。そして、省庁も許認可にあたって、住民の意見を十分に反映させた事業計画になっているかを確認する必要があります。

　最近では、個々の事業に対する環境アセスメントだけでは、国や地域全体の環境を守っていくことができないことから、国による開発事業や計画を長期的に評価しようとする**戦略的環境アセスメント**を導入する国が出てきています。日本でも戦略的環境アセスメントの導入について検討が始まっており、一部の自治体ではすでに条例で導入しているところもあります。

本文中のカタカナ語

▷ **戦略的環境アセスメント**（Strategic Environmental Assessment）
戦略アセス、またはSEAともいう。事業計画が固まった段階で行う現行の環境アセスメントより早期の、事業実施の計画段階に至る前の、行政による意思形成過程の段階で行う環境アセスメントのこと

関連語

❖ **環境マネジメント**（management）　事業組織が環境保全のために自主的、積極的に取る行動を計画・実行・評価すること
❖ **ビオトープ**（biotope）　ドイツ発祥の概念で、元来は生き物のための最小空間を指す。地域本来の生態系の回復や、人が自然と触れ合える憩いの空間の確保を目的に、保全・復元・創出される。日本では特に自然観察や環境教育の場として利用するために整備されることが多い。
❖ **レッドデータブック**（Red Data Book）絶滅にひんしている動植物の種を記した資料集

環境ホルモン

- 【語形】 ホルモン（Hormone 独）
- 【意味】 ホルモンに類似した作用を持つ合成化学物質。生分解されないので環境への残留や生物濃縮を起こし、動物や人間の生殖機能や代謝機能をかく乱する。
- 【訳語・言い換え語】 内分泌かく乱化学物質

　人間の精力的な生産活動は、地球温暖化や砂漠化現象、異常気象などを引き起こすだけではなく、生態系にも深刻な影響を及ぼし、多くの動植物が絶滅の危機にひんしています。そして、その影響は、人間自身にも降りかかってきています。

　近年、人間が作り出した合成化学物質の中に、分解されず環境に残留して、動物や人間の生殖機能や代謝機能に悪影響を及ぼす**環境ホルモン**と呼ばれる物質が発見され、大きな問題となっています。環境ホルモンが母親の体内に摂取されると、胎児や乳児の成長を阻害したり、障害を与えたりする危険性がすでに報告されています。アメリカ軍がベトナム戦争の時に使用した枯葉剤に含まれていた**ダイオキシン**は毒性の強い環境ホルモンの一種で、枯葉剤を浴びた母親から障害を持った子供が生まれる確率はそうでない母親よりもはるかに高いといわれています。ダイオキシンは、ゴミ焼却の灰にも多く含まれるため、焼却場の建設に対する住民の反対運動も各地で起きています。また、同じく環境ホルモンとして疑われている PCB が混入した食用油を食べた人々やその胎児が深刻な健康被害を受けるという事件も起きました。

　環境ホルモンのもっとも深刻な影響の一つは、生物の種の保存を脅かすような生殖機能異常です。環境省が 2005 年に発表した野生生物の実態調査では、メスがオス化したりする現象が

すでに見られています。このように、環境ホルモンは世代を越えて生態系に深刻な影響をもたらす恐れがあり、規制に向けた動きが世界的に広がりつつあります。

しかし、環境ホルモンによる環境汚染の実態や、生物に悪影響を与える仕組みなど、まだ科学的には未解明な点が多く、今後の調査研究の展開が重要となっています。また、環境ホルモンの影響は、一国の問題だけではなく世界的な広がりを見せていることから、各国間の連携や協力も必要です。

本文中のカタカナ語

- **ダイオキシン**（dioxin）ポリ塩化ジベンゾダイオキシンの略称。毒性が強い環境汚染物質。ごみ焼却の灰や排気ガスなどにも含まれる。
- **PCB**（polychlorinated biphenyl）ポリ塩化ビフェニール。日本では製造も使用も禁止されている毒性の強い環境汚染物質

関連語

- **シックハウス症候群**（sick house syndrome）住宅建材に含まれる化学物質により、めまいや頭痛、皮膚症状や呼吸疾患などの症状が出ること
- **アスベスト**（asbest）石綿。繊維状の鉱物。建材などに使われてきたが、発がん性があり現在は使用が規制されている。

クリーンエネルギー

【語形】　クリーン（clean）エネルギー（energy）
【意味】　環境を汚染する物質を生じない燃料

　近年、地球の平均気温が上昇して、南極の氷が解けて海面が上がり、南太平洋の島国が海に沈む恐れが出てくるなど、地球温暖化が深刻になっています。また、車の排気ガスや工場からの排煙による大気汚染も進み、地球規模の環境問題の解決に向けた世界的な取り組みが急務となっています。

　地球温暖化や大気汚染の原因の一つとして考えられているのは、石油や石炭などの化石燃料から**エネルギー**を取り出す際に排出される二酸化炭素や窒素化合物です。近年、こうした化石燃料から作り出されるエネルギーに代わる新たなエネルギーとして、**クリーンエネルギー**が注目されています。

　クリーンエネルギーとは、電気や熱に変えても、環境を汚染する物質をまったく出さないか、またはわずかしか排出しないエネルギーのことを指します。クリーンエネルギーの利点は、二酸化炭素を出さないため、地球温暖化の防止に役立つことです。有害物質も排出しないため、酸性雨や大気汚染などの環境問題の改善にも貢献します。また、化石燃料を輸入に頼っている日本にとって、クリーンエネルギーの割合を高めることは、エネルギー自給率の向上につながります。さらに、クリーンエネルギー産業を育成することで、経済の活性化や雇用の創出が期待できます。その一方で、クリーンエネルギーは、**コスト**が高い、現状では安定した供給が難しいなどの問題点も指摘されています。

すでに EU 諸国では、エネルギー政策の大きな柱として、エネルギー全体に占めるクリーンエネルギーの割合を増やす努力が進められています。クリーンエネルギーの普及のためには、コストを下げたり、安定的な供給に向けた技術開発を行うなど、さまざまな問題を解決していく必要があります。そのためには、政府と経済界が協力して、化石燃料に頼った従来のエネルギー政策からの大きな転換を図ることが求められます。

本文中のカタカナ語

▷ **エネルギー**（energy）発電や動力などに使われる石油などの燃料資源の総称を指す。
▷ **コスト**（cost）何かを生産するのにかかった費用

関連語

❖ **バイオマス**（biomass）生物資源（bio）の量（mass）を表す概念で、一般的には「再生可能な、生物由来の有機性資源で化石資源を除いたもの」をバイオマスと呼ぶ。
❖ **バイオ・エネルギー**（bio energy）バイオマスから得られるエネルギーのこと。バイオマスエネルギーとも呼ばれる。家畜排せつ物や食品廃棄物、下水、稲や麦わら、間伐材のほか、さとうきびやトウモロコシ、なたねなどの作物もエネルギー源として利用されている。
❖ **コージェネレーション**（cogeneration）発電時に発生した排熱を利用して、冷暖房や給湯などに利用する熱エネルギーを供給する仕組みのこと。火力発電など、従来の発電システムでは発電後の排熱は失われていたが、コージェネレーションでは最大80％近くの高効率利用が可能となる。

リサイクル

【語形】　リサイクル（recycle）
【意味】　再利用すること
【訳語・言い換え語】　再利用

　近年、地球温暖化や異常気象など、環境破壊が進み、今までの大量生産、大量消費社会の仕組みを見直すべきだという声が高まっています。また、石油や鉱石など、大量生産を支える資源にも限りがあることがわかってきました。このままでは、地球環境を守ることも、今の生活水準を維持することも難しくなる恐れがあります。そのため、最近、多くの国々で、一度使ったものをすぐにゴミとして捨てるのではなく、何度も再利用する**リサイクル**が推進されるようになってきています。
　たとえば、新聞や紙などは古紙として回収され、もう一度紙の原料になります。ジュースなどが入ったアルミ缶も、再びアルミ缶を製造する原料となります。このように、同じ種類の製品を作るための原料になるものもあれば、ペットボトルのように、他のプラスチック製品などの原料になるものもあります。また、電化製品や古着などの中古品の販売も広くリサイクルと呼ばれることがあります。
　日本では、最近どこの自治体でも、ゴミの種類を細かく分別して、リサイクルの率を高める努力をしています。しかし、リサイクルには限界があります。再び同じ製品を作る原料にしようとしても、一度使ったために不純物が混じってしまい、その除去に手間がかかったり、リサイクルするために大量の電気や水が必要なものもあります。そのため、最近では、大量消費を見直す**リデュース**や、同じものを何度も使う**リユース**などが提

唱されるようになり、リサイクルと合わせて **3R**（スリーアール）と呼ばれてきています。また、ゴミになるものを買わない、拒否する**リフューズ**と合わせて **4R**（フォーアール）という場合もあります。

本文中のカタカナ語

- ▷ **リデュース**（reduce）減量。ゴミの発生を抑えること。ゴミの減量
- ▷ **リユース**（reuse）再使用。一度使ったものを繰り返し使うこと
- ▷ **3R** リサイクル、リデュース、リユースの３つを指す。
- ▷ **リフューズ**（refuse）削減。不要なものを買わない、使わない、もらわないなど、ゴミが発生しないようにすること。スーパーでレジ袋をもらわないなどの行動がこれにあたる。
- ▷ **4R** 3Rにリフューズが加わった４つを指す。

関連語

- ❖ **ゼロエミッション**（zero emission）排出ゼロまたはゴミゼロ、廃棄物ゼロという意味。生産工程から排出される廃棄物を、ほかの製品の原料として利用することで、ゴミや廃棄物を一切出さない完全循環型の生産システムのこと

アイデンティティー

【語形】　アイデンティティー（identity）
【意味】　自分らしさ、自分が自分であること、自分の存在証明
【訳語・言い換え語】　自己認識、自己同一性、帰属意識

　人は自分が自分であることを意識するのはいつ頃からでしょうか。よく、人間の第二次成長期は「自我の目覚め」の時期と呼ばれますが、周りのものから区別される自分自身を自覚することがアイデンティティーの目覚めと言えるでしょう。「自分とは何者か」という問いは、人間が一生背負っていく非常に重い問題です。つまり人は一生、**アイデンティティー**と格闘しなければならない存在なのです。

　この語はなかなか日本語に言い換えにくい言葉です。それは、日本人の特徴として、周りから独立した「個人」という発想が希薄なことに由来します。（「個人」という言葉も、individual の翻訳語）一般に、周りに溶け込むこと、あるいは自分が所属する集団へ調和することが得意な日本人にとっては、この概念がつかみにくく、なかなか使いこなせない言葉です。ちなみに、世論調査によると、この語の理解率は 23.1％に止まっています。（2002年調査、国立国語研究所）

　ただ、集団から個人の尊重へとシフトしてきた現在の日本社会においては、なくてはならない概念でもあります。また、国際化した社会ではふたつの言語や文化にまたがった個人も多く、自分のアイデンティティーに悩むケースもあります。日本に多く生活する日系ブラジル人の子供の詩に、「風船のような自分」という表現がありましたが、自分の存在が、ふわふわとどこに行くかわからない風船に思えたのでしょう。

アイデンティティーは個人のレベルだけでなく、企業としてのもの（**コーポレート・アイデンティティー**）や、国としてのもの（**ナショナル・アイデンティティー**）など、いろいろな集団や組織で存在します。

文中のカタカナ語

▷ **コーポレート・アイデンティティー**（CI:corporate identity）企業や会社のイメージや独自性
▷ **ナショナル・アイデンティティー**（national identity）国家像、国家イメージ

コラム ●外来語の手引き● ⑨ スポーツ由来の外来語

【全　般】	ウォーミングアップ（warming up）が足りない
	スタンドプレー（stand play）のやりすぎ
	フットワーク（foot work）がいい
【野　球】	心のキャッチボール（catch ball 和製語 ＝ play catch）
	ホームラン（home run）性のプレゼン
	ストレート（straight）勝負（直球勝負）の会談
【サッカー】	イエローカード（yellow card）を出す
	レッドカード（red card）を出す
【ボクシング】	カウンターパンチ（counter punch）を浴びる
	ボディーブロー（body blow）が効いてくる
	ジャブ　本題の前のジャブ（jab）の応酬
【陸　上】	ハードル（hurdle）が高い
	マラソン（marathon）勝負
【ゴルフ】	アゲインスト（against）の風が吹く

アニメ

【語形】 アニメーション（animation）の略語
【意味】 動く漫画、動くイラスト画
【訳語・言い換え語】 動画

　日本的イメージのステレオタイプとして、戦前は「サムライ」「ゲイシャ」「フジヤマ」などの伝統文化や自然を、戦後はカメラ、自動車などの工業製品が挙げられます。
　一方、最近では、漫画、**アニメ（アニメーション）**、映画、ゲーム、Jポップス、はたまた**コスプレ**などの娯楽・芸能関連もの、あるいは「すし」「さしみ」といった食文化など日本文化に関するものが、**ジャパン・クール**あるいは**クールジャパン**という名称のもと、全世界で脚光を浴びています。その中でも、日本の漫画（あるいは劇画＝物語としての漫画）や、それを動画化したアニメは文化輸出の基幹産業と言ってもいいでしょう。外務省も最近、ポップカルチャー発信使（通称「カワイイ大使」）を任命して、海外普及に努めているほどです。
　日本の漫画は manga として、日本のアニメは anime として世界的に定着しています。JETRO（ジェトロ：日本貿易振興機構）の調査では、輸出も含めたアニメ産業の市場規模は 2.2 兆円（2003 年）という巨大なものです。
　たとえば、「ドラえもん」「ドラゴンボール」「ワンピース」「NARUTO」などは世界各国の言語に翻訳され、好評を博しています。今や日本語を学習する動機付けとして、日本の漫画を読みたい、アニメを見て理解したい、という人も少なくありません。
　日本で最初のアニメは、1963 年にテレビ放送された「鉄腕

アトム」です。これは手塚治虫氏が手掛けた科学冒険漫画をアニメ化したものです。最近では宮崎駿氏の「となりのトトロ」、「千と千尋の神隠し」(ベルリン国際映画祭金熊賞受賞)、「崖の上のポニョ」などがアニメーション映画として大ヒットしました。

　ところでなぜ日本人は世界的に注目される漫画やアニメが制作できるのでしょうか。ひとつの大きな要因は、微細な部分まで丹念に描いていく制作技術の高さにあります。**ナノテク**分野でも最先端を行っていることも同じ現象であり、これらは日本人の職人気質がいかんなく発揮されているものと考えていいでしょう。

本文中のカタカナ語

▷ **イラスト**（illustration）挿画、挿し絵
▷ **コスプレ**（costume play）コスチューム・プレイの略語。人気漫画やアニメに出てくる人物を真似て装うこと
▷ **ジャパン・クール、クールジャパン**（Japan Cool, Cool Japan）格好いい、素敵だと思われている日本文化のこと
▷ **ナノテク**（nano-technology）超微細技術。ハイテク（高度技術 high-technology）よりさらに高度な微細技術

エンタメ（エンターテインメント）

【語形】　エンターテインメント（entertainment）
【意味】　娯楽や気晴らしのための演芸やショー
【訳語・言い換え語】　娯楽
【他の言い方】　エンタ、エンターテイメント

　ウェブの情報ホームページや雑誌の目次、あるいは新聞記事のメニュー欄などには、「政治」「経済」「国際」「科学」「IT」などに混じって、「**エンタメ**」という項目があります。つまり、エンタメは私たちが生活していくために必要な情報の一つの窓口として存在していることを意味しています。
　エンタメはエンターテインメントを略してできた和製語（→外来語の手引き③、⑩の参照）で、テレビ、映画、音楽、スポーツ、演劇、演芸など、人々の娯楽や気晴らしのためのものを指します。「娯楽」との違いは、エンタメがおもにお金を出して娯楽を消費するところ、つまり娯楽産業としての意味合いの強いところにあります。
　日本では1970年代後半以降、本格的な**レジャー**時代に入りました。それまでの高度経済成長で得た豊かさと、電化製品や車の普及など、それまでよりも格段に便利で楽な生活を享受するものとしてエンタメが大きな役割を担っています。
　2007年に行われた**ISSP**調査によれば、日本人の余暇活動の1位は「テレビ、DVD、ビデオを見る」、2位「家族や親戚と会う」、3位「ショッピングに行く」などとなっています。（『放送研究と調査』2008.4月号、NHK放送文化研究所）
　エンタメで人々を楽しませる人のことをエンターテナーと言います。この語は通常は**タレント**のようなプロを指しますが、素人に対して「あの人はエンターテナー（人を楽しませるのが

エンタメ（エンターテインメント）

好きな人、得意な人）だ」というように、人の性格や人柄を言う時に用いることもあります。

本文中のカタカナ語

▷ **レジャー**（leisure）余暇。仕事から解放されて、気晴らしや好きなことができる時間やその行為
▷ **ISSP**（International Social Survey Programme）ヨーロッパ諸国を中心に43の国と地域が参加している国際比較調査プログラム。共通の質問を各国で行い、国際比較を目的とする。
▷ **タレント**（talent）テレビなどで活躍する芸能人。バラエティー番組の司会者、漫才師など。なお、「才能」「素質」などの意味はない。

LD

【語形】　LD（learning disabilities, learning disorders）
【意味】　読み書きなどの学習に関する障害を持ち、学校生活に適応できない状態
【訳語・言い換え語】　学習障害

　最近はキレやすい子どもが増えたり、学級崩壊が増えたりとよく言われます。それにはいろいろな原因が絡まっているのでしょうが、ひとつの大きな要因として指摘されているのが脳の機能障害によるものです。
　以前は「変なやつ」「変わった人」など、その人の性格や資質の問題として漠然ととらえられていたことが、近年では科学（とくに脳科学）の進歩とともに、何らかの「障害」として定義されるようになってきました。旧文部省は1999年に **LD** を次のように定義しました（抜粋）。
　「学習障害とは、全般的には知的発達の遅れはないが、聞く、話す、読む、書く、計算する、推論する能力のうち、特定のものの習得と使用に著しい困難を示すさまざまな状態を指す。その原因は中枢神経に何らかの機能障害があると推定される。」
　LDには言語性学習障害と非言語性学習障害があります。言語性では、「読字障害」「書字障害」あるいは話し言葉を聞き取り、理解することができない「受容性言語学習障害」などがあります。一方、非言語性では、計算や分数などの理解ができない「算数障害」、道順を覚えられなかったりする「視覚－空間認知障害」があり、この他にも書かれている文章の全体的文意が理解できなかったり、他人の言動からその人の「意図」を推察することが苦手であったりすることも含まれます。いわゆる

ソーシャルスキルが身に付かず、学校や職場から**ドロップアウト**したり、鬱になりやすいとも言われています。

　ソーシャルスキルとの関連でいえば、「自閉症」（社会性の欠如、物事への強い固執傾向）もLDの要因のひとつとなっています。またとくに「言葉の背後にあるニュアンスを読み取ること」に苦手で、協調性に欠ける症状を**アスペルガー症候群**と呼ぶようになりました。

　さらに、LDには**ADHD**（注意欠陥多動性障害）を伴うことも多いと言われます。ADHDの子供は、異常に活動的で、興奮しやすいために、学級崩壊を引き起こす原因の一つとも言われています。

　いずれにしろ、これまで曖昧に処理されていたことが明瞭になることは進歩だと歓迎される一面、この分野はまだ未知のことも多く、心の問題をすぐに「障害」と結び付けることに問題を感じる専門家もいます。

本文中のカタカナ語

▷ **ソーシャルスキル**（social skill）社交性。他人とうまくコミュニケーションを取る技術
▷ **ドロップアウト**（dropout）落後、落ちこぼれ、集団からの逸脱
▷ **アスペルガー症候群**（Asperger syndrome）オーストリアの医師ハンス・アスペルガーが報告した諸症状。アスペルガー障害とも言われる。
▷ **ADHD**（Attention Deficit Hyperactivity Disorder）落ち着きがなく、じっとしていられない症状

バウチャー

【語形】　バウチャー（voucher）
【意味】　金銭の代わりになる書類や券
【訳語・言い換え語】　引換証、金券、割引券、クーポン

　最近、子供たちの学力低下が指摘されています。これは日本の学校教育の流れの中で理解する必要があります。というのは、1990年代に、それまでの「詰め込み教育」から脱して、「ゆとり教育」への転換が図られ、授業時間が削減されたり、教科以外の自主的な活動が奨励されたりしたことで、国語、算数、数学などの基幹教科の力が落ちたとされるからです。その結果、「脱ゆとり教育」が唱えられ、2007年度以降は、学力向上を目指して授業時間が増加しました。
　この学力低下が問題になったのは、**OECD**によって2003年と2006年に行われた**PISA**（ピサ：国際学力調査）において、日本の順位が世界のトップクラスから第2、第3グループへ転落したことにあります。
　このため、学力向上のひとつの策として、安倍内閣（2006年）時代に設置された教育再生会議の重要課題のひとつとなったのが**教育バウチャー制度**です。教育バウチャーとは、学費など学校教育に限定した補助金を子供の保護者に支給する政策です。これにより学校選択肢が広がり、学校は競争原理にさらされて教育の質が向上するだろうと考えられました。またこれにより私学と公立の格差是正も考えられています。ただし、諸外国の例を見ると、成功と失敗のさまざまなケースがあり、日本の実情に合わせた吟味が必要です。
　たとえば、公立学校の自由選択制に踏み切った東京都江東

区では、学校間の格差と地域コミュニティーの崩壊が進んだと言われ、2008年度限りでこの制度を廃止しました。保護者（**PTA**）は競争原理を望む声が高いようですが、現実には他の面に悪影響が出て思い通りにはならなかったのです。

なお、バウチャーには、旅行**クーポン**と同様の意味もあります。以前は、事前に旅行商品を購入しその引き換え券をもらっていましたが、最近ではパソコンから打ち出された書類がその役割をするようになり、それをバウチャーと呼ぶようになりました。

本文中のカタカナ語

▷ **OECD**（Organization for Economic Co-operation and Development）経済協力開発機構。加盟国30カ国で本部はパリにある。経済成長、貿易自由化、途上国支援が3大目標
▷ **PISA**（Programme for International Student Assessment）国際生徒学習到達度調査プログラム。国語と算数または数学のテスト
▷ **教育バウチャー**（education voucher）教育補助金支給制度
▷ **PTA**（Parent-Teacher Association）（子供の）保護者、保護者会
▷ **クーポン**（coupon）引き換え券。乗車券、食券、景品引き換え券などとして使われている。

コラム ●外来語の手引き● ⑩ 外来語の略し方

長い外来語は、通常3音節か4音節に短縮される。おもな短縮方法には次のようなものがある。

a. **後を省略する**…スト（ストライキ strike）、インフル（インフルエンザ influenza）
b. **前を省略する**…ブログ（ウェブログ weblog）、メール（e-メール e-mail）
c. **前と後を省略する**…パソコン（パーソナル・コンピューター personal computer）、セクハラ（セクシュアル・ハラスメント sexual harassment）

ワークショップ

【語形】　ワークショップ（workshop）
【意味】　実習を伴う講習会、体験型の講習会や研究集会
【訳語・言い換え語】　体験型講習会、参加型講習会

　workshopの英語の意味は「職場」「作業場」とそれから転じた「講習会」「セミナー」などですが、外来語としてのワークショップの意味も、単に講義を聴くだけの知識伝達型ではなく、実習を伴った講習会、セミナーのことをいいます。従来は講演会、セミナーというと一般に講師の話を一方的に聞いて終わるか、講演後に講師との質疑応答をする形がほとんどでした。しかし1990年あたりから、知識の吸収のみで終わるのではなく、その場で体験したことをいろいろな手段を用いて、能動的に表現する新しいやり方が出てきました。いわば身体を使って「作業する」という意味合いの講習会です。演劇を取り入れた教育技法、小説や音楽の創作、授業の教材開発など、体験型の講習会が盛んに行われるようになりました。
　ワークショップでは、次のような一連の活動をこなすのが一般的なようです。
　講師の話を聞く→課題を与えられる→班に分かれ、**ファシリテータ**（進行役）のもとに、課題に取り組む→成果を発表する
　一言でいえば、座学と**フィールドワーク**（野外実習）の両者を合わせたものと言えるでしょう。活動場所としては教室や講習室でありながら、活動そのものは体を動かし、人と関わるというフィールドワーク的なものなのです。
　そもそも日本にこのような勉強会、講習会が始まったのは1980年代初めに東京都世田谷区で生まれた住民参加型まちづ

くり運動においてと言われています。マンション建築にともなって発生した問題に対し、住民が実際に街を歩いて勉強会を催しました。この後も、公園づくりやごみ問題などに関して、まちづくりワークショップが続けられました。

　ワークショップの存在は、実は日本の学習文化を考える上でも大きな意味を持っています。小・中学校の授業を見ても、従来の一斉授業、受け身の知識伝達授業から、新聞づくり、ホームページ作り、**ディベート**の実践、司会の仕方など、実習を通して自分を表現することの方へとシフトしていっています。実習や体験というのは、知恵をつけるのに大切な役割を果たすものです。

本文中のカタカナ語

- **セミナー**（seminar）講習会、講演会
- **ファシリテータ**（facilitator）実習の進行を支援する人
- **フィールドワーク**（fieldwork）野外での実習調査
- **ディベート**（debate）対立討論。あるテーマについて賛否両側に分かれて、説得の優劣を競う論戦ゲーム

索引

あ

ISSP　80-81
IC　13, 51, 57
ICカード　12-13
ICチップ　12-13
ICT　57
IT　56-59, 80
アイデンティティー　76-77
アカハラ　30-31
アクセス　56-57
アスベスト　71
アスペルガー症候群　83
アナログ　60-61
アニメ（アニメーション）　78
アプリケーションソフト　58-59
アルバイト　22-23, 36
アルハラ　30-31
アレルギー　15
アロマ　43, 46-47
アロマセラピー　43, 46
アンチエイジング　19, 42-43
アントレプレナー　19

い

e-コマース　13
e-ラーニング　13
ICOCA　12-13
イデオロギー　8-9
インキュベーター　18-19
インターネット　8, 13, 36-37, 56-58, 61-65
インターンシップ　17, 36-37
インフォームド・コンセント　44-45, 52-53
インフォームド・チョイス　45

え

AED　34-35, 40-41
ADHD　83
エコカー　20-21, 27
エコシステム　66-67
エコツーリズム　28-29
エコハウス　67
エコマーク　66-67
エコラベル　66-67
エコロジー　66-67
エコロジーグッズ　67
エコロジービジネス　67
エコロジカル・ライフスタイル　28-29
エステ　42-43, 47
Edy（エディー）　13
NGO　24-25
NPO　24-25
エネルギー　72-73
LD　82-83
エンターテイメント　80
エンタメ　80
エンパワーメント　26-27

お

OECD　84-85
オーガニックフード　28-29
ODA　25
オールドカマー　10-11
おサイフケータイ　12-13
オンデマンド　61

か

ガラパゴス現象　9
環境アセスメント　68-69
環境ホルモン　70-71
環境マネジメント　69

き

キャリア教育　36-37
QOL　52-53
教育バウチャー制度　84

88

索 引

く
クーポン　84-85
クールジャパン　78-79
グリーフケア　53
グリーフワーク　53
クリーンエネルギー　72-73
クリティカルパス　50-51
グローバリズム　8, 9
グローバル化　10, 64-65
グローバル・スタンダード　8-9

こ
コージェネレーション　73
コーポレート・アイデンティティー　77
コスト　72-73
コスプレ　78-79
コレステロール　54-55
コンテンツ　58-59
コンテンツ産業　58-59
コンテンツ産業振興基本法　58-59
コンビニ受診　41
コンピュータ・グラフィックス　63

さ
在宅ホスピス　52-53
サウンドビジネス　19
サステナビリティー　28-29
サプリメント　28-29, 42-43

し
ジェネリック医薬品　45
ジェンダー　26-27
ジェンダーフリー社会　26-27
シックハウス症候群　71
シビル・ソサエティ　25
シビルミニマム　38-39
シミュレーション　32-33
ジャーナリズム　65
ジャパン・クール　78-79
ジャパン・プラットフォーム　25

情報アクセシビリティ　35
ジョブカフェ　37

す
Suica　13
スキンケア　42-43
スピリチュアル　47, 52
3R　75
スローフード　9, 29
スローライフ　29

せ
セーフティーネット　23
セカンド・オピニオン　44-45
セクシズム　27
セクハラ　30, 85
セックス　27
セミナー　86-87
セラピー　46-47
セラピスト　47
ゼロエミッション　75
戦略的環境アセスメント　69

そ
ソーシャルスキル　83
SOHO　56-57

た
ターミナルケア　52-53
ダイオキシン　70-71
大学発ベンチャー　18-19
WHO　51
タレント　43, 80-81

ち
地域コミュニティ　10-11, 85
地上デジタル放送　60-61
チャージ　12-13

つ
tsunami　32-33

89

て

ディスクローズ　17
ディベート　87
データベース　58-59
デジタル　60-61
デジタルデバイド　61
デス・エデュケーション　53
電子カルテ　50-51
電子マネー　12-13

と

ドクターズ・カー　41
ドクターヘリ　41
トラウマ　48-49
トリアージ制度　41
ドロップアウト　19, 83

な

ナショナル・アイデンティティー　77
ナショナルブランド　14-15
ナノテク　79
ナローバンド　56-57

に

ニート　36-37
ニューカマー　10-11

ね

ネットカフェ難民　36-37
ネットショッピング　13, 63
ネットワーク型NGO　25

の

ノーブランド　15
ノーマライゼーション　34-35

は

バーチャル　62-63
バーチャルモール　62-63
バーチャル・リアリティー　62-63
バイオ・エネルギー　73
バイオマス　73

ハイテクノロジー　20-21

ハイブリッド自動車　20-21
ハザードマップ　32
パニック障害（PD）　49
パラサイトシングル　37
バリアフリー　19, 34-35
バリアフリー新法　35
ハローワーク　23, 37
パワハラ　30-31

ひ

PISA　84-85
BMI　55
PCB　70-71
PTA　85
PTSD　48-49
ヒーリング　46-47
ビオトープ　69
PiTaPa　12-13
ビタミン　20-21
ピラティス　43

ふ

ファシリテータ　86-87
フィールドワーク　86-87
フェミニズム　26-27
FeliCa（フェリカ）　13
4R　75
プライベートブランド　14-15
プライマリーケア　50
プライマリーバランス　16
プライマリヘルスケア　50-51
フラッシュバック　48-49
フリーター　27, 36-37
ブリーダー　46-47
ブロードバンド　56-57

へ

ペット　46-47, 49, 53
ペットロス　53
ベンチャーキャピタル　18-19
ベンチャービジネス　18-19

索　引

ほ
ボーダーレス　8-9
ホームドクター　50-51
ホームページ　15, 32, 56-57, 62-63, 80, 87
ホームレス　36-37
ホスピス　52-53
ホメオパシー　28-29
ボランティア　24-25
ホルモン　42-43

ま
マイノリティー　26-27
マグニチュード　32-33
マクロビオティック　28-29
マスコミ　51, 64-65
マス・コミュニケーション　64-65
マスメディア　64-65
マルチメディア　64-65

み
ミスマッチ　38-39

め
メタボ検診　54-55
メタボリック・シンドローム　54
メディア　58-59, 64-65
メディア・リテラシー　64-65

も
モチベーション　39
モラルハザード　17, 41
モラルハラスメント　31

ゆ
ユニセフ　51
ユニバーサルデザイン　34-35
ユニバーサルデザインの7原則　34-35
ユビキタス　56-57

よ
ヨガ　28-29

ら
ライフスタイル　28-29, 38-39
ライフライン　33

り
リサイクル　20-21, 74-75
リスク・コミュニケーション　33
リストラ　22-23, 39
リストラクチャリング　22-23
リデュース　74-75
リバウンド　55
リビングウィル　52-53
リフューズ　75
リフレクソロジー　43
リユース　74-75

れ
レアアース　20-21
レアメタル　20-21
レジャー　80-81
レッドデータブック　69

ろ
LOHAS　28-29

わ
ワークシェアリング　22, 39
ワークライフバランス　38-39
YMCA、YWCA　24-25
ワンストップサービス　37

91

参考文献・参考サイト

『AERA MOOK4 環境学がわかる』朝日新聞社（1994 年）
『AERA MOOK 新版 環境学がわかる』朝日新聞社（2005 年）
『イミダス』集英社
『imidas 現代人のカタカナ語欧文略語辞典』集英社（2006 年）
『カタカナ語・略語に強くなる本』陣内正敬・中山惠利子著　PHP 研究所（2002 年）
『経済用語辞典』（第 4 版）小峰隆夫編　東洋経済新報社（2007 年）
『現代用語の基礎知識』自由国民社
『広辞苑』（第 6 版）新村出編　岩波書店（2009 年）
『コンサイスカタカナ語辞典』三省堂
『コンテンツ学』長谷川文雄・福富忠和編　世界思想社（2007 年）
『事典日本の多言語社会』真田信治・庄司博史編　岩波書店（2005 年）
『新聞によく出るカタカナ語・略語ハンドブック』大薗友和編著　日本実業出版社（1989 年）
『新明解日本語アクセント辞典』秋永一枝・金田一春彦　三省堂（2001 年）
『多文化共生キーワード事典』明石書店（2004 年）
『著作権の考え方』岡本薫著　岩波新書（2003 年）
『日本の論点』文藝春秋
『分かりやすく伝える 外来語言い換え手引き』国立国語研究所　ぎょうせい（2006年）

《亀井肇の新語探検》ジャパンナレッジ（オンラインデータベース）
《デジタル大辞泉》ジャパンナレッジ（オンラインデータベース）
《日本大百科全書》ジャパンナレッジ（オンラインデータベース）
「病院の言葉」を分かりやすくする提案　国立国語研究所
http://www.kokken.go.jp/byoin/teian/

執筆者紹介（2010年4月現在）

陣内 正敬（じんのうち まさたか）関西学院大学総合政策学部教授
森本 郁代（もりもと いくよ）関西学院大学法学部准教授
阿部美恵子（あべ みえこ）関西学院大学国際教育・協力センター常勤講師
笹井　香（ささい かおり）関西学院大学国際学部常勤講師
竹口 智之（たけぐち ともゆき）関西学院大学国際学部常勤講師

時事外来語で日本理解　　大学からの超級カタカナ語

2010年4月1日初版第一刷発行

著　者　　陣内正敬　森本郁代　阿部美恵子　笹井香　竹口智之

発行者　　宮原浩二郎
発行所　　関西学院大学出版会
所在地　　〒662-0891
　　　　　兵庫県西宮市上ケ原一番町1-155
電　話　　0798-53-7002

印　刷　　協和印刷株式会社

©2010 Masataka Jinnouchi, Ikuyo Morimoto, Mieko Abe, Kaori Sasai and Tomoyuki Takeguchi
Printed in Japan by Kwansei Gakuin University Press
ISBN 978-4-86283-062-3
乱丁・落丁本はお取り替えいたします。
本書の全部または一部を無断で複写・複製することを禁じます。
http://www.kwansei.ac.jp/press